10대, 너희가 배움의 주인이 된다면

양희규 지음

글담출판

내가 진짜 배우고 싶고 알고 싶은 것을 찾아
배울 수 있도록 도와주는 책

감염병으로 달라졌던 일상들이 조금씩 제자리로 돌아오고 있는 요즘입니다. 학생들의 모습도 예전보다 활기차졌지요. 쉬는 시간에 친구들과 장난치며 즐겁게 웃는 모습을 보면 그렇게 보기 좋을 수가 없습니다. 학생들이 사회에 나가서도 활짝 웃으며 행복해지기를 바라는 마음, 기성세대가 한마음으로 갖고 있을 겁니다.

방탄소년단이 부른 'N.O'에는 이런 가사가 있습니다.

… 쳇바퀴 같은 삶들을 살며 일등을 강요받는 학생은 꿈과 현실 사이의 이중간첩 … 어른들은 내게 말하지. 힘든 건 지금뿐이라고 조금 더 참으라고 나중에 하라고. … 더는 나중이란 말로 안 돼. 더는 남의 꿈에 갇혀 살지 마. … 정말 지금이 아니면 안 돼. 아직 아무것도 해본

게 없잖아 …

이 노래는 한국의 교육시스템에서 억압감을 느끼는 10대들의 실상을 잘 표현해서 많은 공감을 얻었는데요.

이 책 역시 위 가사처럼 다소 불편한 진실을 솔직하게 드러내어, 10대들이 당연하다고 여겨 온 무수한 통념을 뒤흔들고, 우리가 잊고 있던 배움의 진짜 의미에 대해 일깨워 줍니다. 유례없는 시대를 지나오며 더욱 험난한 학업기를 보내고 있는 청소년들에게 꼭 건네줘야 하는 이야기를 담고 있습니다. 이를 통해 내가 진짜 배우고 싶고 알고 싶은 것을 찾아 공부하는 지혜를 전합니다.

특히 어른인 우리가 잘 몰랐던, 청소년이 직면한 현실을 저자와 소년의 대화로 생생하고 세밀하게 보여 줍니다. 이를 위해 10대들의 고민을 네 가지 파트로 나눈 후, 단계적으로 고민의 수준을 높여가며 안내합니다. 각 파트에선 대화 주제에 맞는 실제적인 자료와 통계를 제시하여 주제에 대한 공감을 높입니다. 또한 '대화를 마치며' 코너에선 각 파트에서 다룬 고민에 대한 진심 어린 조언을 담았습니다.

이 책은 공부에 지친 10대의 고민을 소개하는 것에 그치지 않고 고민을 해결하는 현실적 방안을 제시합니다. 해결의 과정과 단계, 교사와 학부모의 역할과 사례 등을 통해 10대들의 고민을 위로하고, 그들을 배움의 여행으로 안내합니다. 특히 학교 밖에 있거나 주어진 공부에 흥미를 느끼지 못하는 학생들까지 보듬어줄 수 있는 학습 환경을 조성하라고 권고합니다.

지금 우리 아이들에게 가장 필요한 이야기로, 10대 청소년뿐 아니라, 10대를 키우는 학부모를 비롯해 교육 현장에 몸담고 있는 사람이라면 누구나 꼭 읽어야 하는 책입니다.

하루빨리 사회 곳곳에서 배움이 꽃피는 여행을 즐길 수 있는 시스템이 정착되었으면 좋겠습니다. 그렇게 되면 우리 청소년이 내가 무엇을 알고 싶고 배우고 싶어하는지를 찾는 시간을 줄일 수 있겠죠.

승지홍(고등학교 교사, 『복지로 모두의 인권을 지킨다면』 저자)

왜 공부해야 하냐고 묻는 너희에게
그 대답을 들려주는 책

공부 때문에 스트레스를 받고, 성적이 오르지 않아 우울하고, 시험을 못 본 자신을 미워하는 10대들. "왜 공부해야 되는 거예요?"라는 질문에 답해주는 이 없이 오늘과 내일의 진도를 따라가기 바쁩니다. 공부는 최고의 고민거리가 되어버리기 쉽지요. 끊임

없는 경쟁과 성적 스트레스 속에 몸과 마음이 아픈 아이들도 많습니다.

이 책은 이유를 모른 채 끊임없이 달리느라 지친 아이들에게 새로운 배움의 답을 제시해줍니다. '안정된 미래를 위해 공부해야 돼!'라는 단순한 강요에서 벗어나 공부의 진정한 목적을 알려주지요. 저자는 친구나 진로 문제, 외모 고민 등 10대가 실생활에서 마주하는 문제부터, 고통이나 행복과 같은 철학적이고 근본적인 고민까지 다양한 질문에 답해줍니다. 뻔한 답이 아닌, '폭력을 당할 위기에서는 도망가는 게 현명하다'처럼 실질적으로 도움이 되는 고민 해결법을 제시해주지요. 그리고 그 답은 놀랍게도 '배움의 길' 속에 숨어 있습니다. '인생은 배움의 여행'임을 깨달으면, 나를 둘러싼 고민은 작고 사소한 것이 되기도 하니까요.

이 책을 읽으며 청소년들은 중요한 사실 한 가지를 깨달을 수 있습니다. 성적을 올리기 위한 공부가 아닌, 삶을 잘 살아내기 위해 공부가 필요하다는 사실이지요. 왜 공부해야 되는지 묻는 10대에게 이 책은 훌륭한 '배움 지침서'이자 '인생 조언서'가 될 것입니다.

태지원(중학교 교사, 『이 장면, 나만 불편한가요?』 저자)

10대는 배움과 성장의 기적이 일어나는 놀라운 시기다!

대한민국 10대들은 매우 불행합니다. 스스로 불행하다고 느끼는 정도가 세계 최고 수준이라고 합니다. 한국방정환재단과 연세대 사회발전연구소가 조사한 결과에 따르면, 2019년 우리나라 어린이·청소년의 주관적 행복지수는 OECD 22개 회원국 중 20위로 최하위권을 기록했습니다. 첫 조사를 실시한 2009년부터 단 한 번도 최하위권을 벗어난 적이 없다고 하니 참 놀랍습니다.

왜 그렇게 불행하다고 느끼는 걸까요? 대한민국 10대들은 새벽부터 밤늦게까지 공부하는 등 정말 힘든 삶을 살고 있습니다. 자신이 선택하지 않았는데도 말이지요. 그렇게 힘들다면 당연히 그만한 가치와 의미가 있어야 할 텐데, 다수의 10대들에겐 그마저 분명하지 않습니다. 더욱 답답한 건 그 누구에게서도 그에 관한 명쾌한 답변을 들을 수 없다는 것입니다. 어른들은 한결같이 '참고 기다려라'라는 말밖에 해주지 않습니다. 그래서 10대들의 인생은, 역동적인 삶이 아니라 진짜 삶으로 가기 위한 어두운 정거장이 되고 말았습니다. 즉 10대의 삶은 오로지 대학입시만을 위해 고행해야 하는 '예외의 시기'로서, 우리 인생에서 괄호 안에 묶인 시기로 묶인되고 있습니다.

그러나 10대의 시기는 잠시 머무르는 어두운 정거장도 아니고 괄호 안의 시기도 아닙니다. 10대야말로 놀라운 시기입니다. 배움과 성장의 기적이 일어나는 때이기 때문입니다. 10대의 두뇌는 전광석화와 같이 빨라서 엄청난 지식과 지혜를 흡수할 수 있습니다. 그뿐 아니라, 자기 자신과 인간과 우주의 신비에 눈을 뜨는 시기이기도 합니다. 이 시기에는 자연스레 인생을 어떻게 살아야 하는지, 배움은 무엇이고 인생은 무엇인지, 인생에 가장 중요한 가치는 무엇인지 깊이 고민하고 사색하게 됩니다.

이러한 고민과 사색을 통해 건강한 인생관이 형성된다면, 대학에 관해 어른들이 걱정하지 않아도 될 것입니다. 성숙한 10대라면 대학에 대해서도 제대로 결정할 수 있을 것이기 때문입니다. 대학을 가야 할지 말아야 할지, 간다면 언제 갈지, 그리고 대학에 가서 무엇을 공부해야 할지 말입니다. 그런데 대학입시 준비 단 하나만 바라보면서 이러한 성숙의 과정을 소홀히 한다면, 참으로 안타까운 일이고 나중에 크게 후회하기 마련입니다. 조금 천천히 가더라도 인생은 제대로 가야 하는 법입니다. 대학을 제대로 가려면 내가 어떤 사람인지, 나는 무엇을 배우고 싶어하는지를 먼저 알아야 한다는 것이지요. 성숙의 과정 없이 그저 수능점수에 맞춰 대학과 전공을 정한다면 그건 인생을 걸고 도박을 하는 행위에 불과합니다.

대학 갈 때까지만 참고 공부하자는 말 대신 다른 위로가 절실하다

그래서 전 10대들에게 '그저 참고 기다려라' 혹은 '인내하며 공부에만 매진하라' 같은 일방적인 조언을 하고 싶지 않습니다. 대신 10대들과 정말 솔직한 대화를 하고자 합니다. 현재 학교생활에 만족하지 못하는 10대들에게는 더 만족스럽게 살아갈 방법을 가르쳐주고, 의미 없는 고통 속에서 방황하는 10대들에게는 적절한 가이드를 제공해주거나 지금의 길을 택하지 않고도 훨씬 더 넓고 깊게 배울 수 있는 길이 있다는 걸 알려줄 것입니다. 10대들이 오로지 대학입시 준비만을 위해 존재하도록 만드는 우리 사회의 관행은 개인을 불행하게 할 뿐 아니라 국가 장래도 위협합니다. 인성 교육과 생각하는 힘을 길러주는 교육이 실종된 학교를 어찌 학교라 할 수 있겠으며, 그런 학교가 배출한 세대가 앞으로 어떻게 국가 장래를 책임질 수 있겠습니까? 이 책에서는 다소 불편한 진실을 솔직하게 드러냄으로써, 10대들에게 자신의 인생에 관해 제대로 판단하고 생각할 수 있는 데이터를 제시할 것이며 그렇게 해서 자기 인생을 현명하게 선택해 나갈 수 있도록 돕고자 합니다.

10대에게 배움의 기쁨을 돌려줘야 한다

인생은 배움의 여정입니다. 우리는 태어나서 죽는 날까지 배우고 성장할 수 있습니다. 그렇기에 '얼마나 많이 배우고 성장했는가?', '열정을 가지고 얼마나 즐겁게 배웠는가?' 같은 기준이 우리 삶의 기준, 행복의 기준이 되어야 할 것입니다. 우리나라 청소년들이 입시전쟁의 들러리가 되기를 거부하고 당당하게 배움의 주체가 되기를 간절히 바랍니다. 학벌이나 세속적인 성공의 기준에 휘둘리지 않고 자신에게 맞는 배움의 과정을 선택하고 그 선택을 뜨겁게 사랑하며 살아가기를 진정으로 소원합니다. 그래서 언젠가면 훗날 인생을 되돌아보며 '내 인생은 정말 황홀한 배움의 여정이었다'는 고백을 할 수 있기를 기대합니다.

혼자가 익숙해진 10대들을 위한 마지막 당부

끝으로 한 가지 더 이야기를 드리고자 합니다. 지금 아이들은 어린 시절부터 인터넷 환경에서 자라났습니다. 이들은 얼핏 보면 꽤 재미나게 살고 있습니다. 다양한 게임을 즐기고 자신이 좋아하는 동호회에 가입해 활동하고 온갖 드라마, 영화, 음악을 즐기고 온라인으로 여러 가지 상품을 구입하는 등 이전 세대가 전혀 경험하지 못한 세상에서 즐거움을 누리며 살아가고 있습니다. 정보에 빨라 모르는 게 없을 정도고, 자신이 좋아하는 분야는 그게 뭐든 유튜브를 통해 금방금방 배워 나갑니다.

하지만 이러한 라이프 스타일 이면에는 매우 어두운 그림자가 도사리고 있습니다. 디지털 문명의 비극, 혹은 저주랄까요. 대다수 청소년의 삶을 깊이 들여다보면 무척이나 외로워하고 인간관계를 잘 맺지 못한다는 것을 알 수 있습니다. 우울하고 슬프고 소외되어 있습니다. 저는 이런 아이들의 모습을 '신종고아신드롬new orphan syndrome'이라고 부릅니다. 최근 이런 아이들을 봤는데 이들과 어떤 대화를 해야 할지, 어떤 관계를 맺을 수 있을지 정말 막막했습니다. 대다수 교사나 부모조차 이런 처지에 놓여 있습니다.

이 아이들은 자신에게 어떤 문제가 있는지, 왜 고독한지, 왜 공허한지, 왜 분노에 차 있는지 전혀 인식을 못하고 있고, 그래서 도움을 주기가 무척이나 어렵습니다. 인관관계에 관해 거의 배운 적이 없기 때문에 약간의 갈등이라도 발생하면, 금방 화를 내거나 두려움에 사로잡혀 도망쳐버립니다.

새로운 디지털 문명은 교육의 전면적인 변혁을 요구하고 있습니다. 이제 학교는 아이들에게 한마디로 구세대 유물이 되어버렸습니다. 우리는 이런 세대의 장점을 살리는 동시에 이들의 최대 약점인 관계 맺기를 도와주고 디지털 문명의 폐해를 최소화할 수 있는 교육을 만들어내야 합니다.

어떻게 해야 하냐고요? 구체적인 해결이나 대답을 여기서 드릴수는 없습니다. 다만 디지털 문명이 가져온 소외, 고독, 관계의 단절이 요즘 청소년들에게 또 다른 심각한 문제라고 보았습니다. 그래서 이에 대해 함께 이야기하고 싶었고, 이에 대해 제가 드릴 수있는 직관적인 대답을 책 안에 담아놓았습니다.

이 책은 저와 소년이 나누는 대화 형식으로 이루어져 있습니다. '소년'은 어느 특정 인물이 아니라 우리나라 10대 청소년을 가리킵니다. 제가 교육 현장에서 만난 10대 청소년들과 나눈 경험과 대화를 재구성하고, 우리 청소년들에게 꼭 해주고 싶은 말을 정리해 실었습니다. 이 책 속 이야기는 제가 가슴으로 전하고 싶은 말이기도 합니다. 이 책을 대한민국 청소년들에게 바칩니다.

차례

Part 1

10대들이 말하는
10대들의 고민

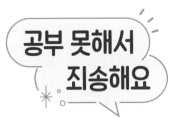

공부 못해서
죄송해요

우리나라 대다수 청소년은 성적으로 인한 열등의
식에 사로잡혀 있다. 성적 콤플렉스는 패배의식을 심어주어 자신감을 잃게 하거나 극심
한 스트레스를 야기한다. 아이들을 단지 성적이라는 하나의 잣대로 평가하지 말고 여러
가지 기준으로 평가하되, 그 기본에는 모든 아이에 대한 존중감이 있어야 한다.

요즘 들어 자꾸 열등의식이 생겨요. 제가 공부를 잘하지
못하거든요. 솔직히 말씀드리면 공부를 하지 않는 건 아니에요. 수
학과 영어는 하루도 빠짐없이 공부하거든요. 특히 수학은 하루 두
시간 이상 하는데도 성적이 별로예요. 그런데 제 짝은 수학 공부를
별로 하지 않는 것 같은데 늘 저보다 성적이 좋게 나오고……. 정
말 속상해요. 전 아무래도 머리가 나쁜 것 같아요. 그러니 열등감
을 안 가질 수가 없어요.

그래. 참 힘들겠다. 언젠가 중3 학생 30여 명에게 물은 적
이 있어. '너희를 가장 불행하게 만드는 게 무엇이니?'라고 말이야.

그랬더니 성적, 외모 콤플렉스, 학교폭력, 어머니와의 갈등, 인간관계, 미래에 대한 막연한 불안 등을 주요 원인으로 꼽더구나. 그중에서도 성적 문제가 으뜸가는 순위에 들었지.

 맞아요. 저뿐 아니라 제 친구들도 성적 때문에 열등감을 갖고 있는 것 같아요. 성적이 떨어지면 무척 힘들어하거든요. 성적이 떨어져서 극단적인 선택을 하는 아이들도 있잖아요. 저희 옆 학교에도 투신을 한 고2 아이가 있었는데, 성적 문제였던 것 같아요. 그 아이가 남긴 편지에 '공부 못해서 죄송합니다'라고 씌어 있었대요. 원래 상위권이었는데 성적이 엄청 떨어져서 충격을 받아서 그런 거래요.

그래. 너희가 성적 때문에 괴롭고 불행한 건 분명한 것 같구나. 네 생각엔 왜 아이들이 성적 때문에 열등감에 빠지고 심지어 죽기까지 하는 것 같니?

공부 잘하면 좋은 학생, 공부 못하면 나쁜 학생이 돼요

학교에 가거나 학원에 가면 저절로 그렇게 되는걸요. 공부 못하면 제대로 된 대접을 받지 못하니까, 성적이 나쁜 아이들은 점점 자신감을 잃고 열등감에 빠질 수밖에 없어요.

그럼 한 가지 물어보자. 넌 공부를 못하면 열등감에 빠진 다고 했는데, 그럼 공부 말고 다른 걸 못해도 똑같이 열등감이 생기니? 예를 들어 자전거 수리나 물건 고치는 것을 잘 못해도? 아니면 축구를 잘 못해도? 혹은 그림이나 노래를 못해도 열등감이 생겨? 잘 생각해봐.

글쎄요. 전 자전거 수리를 못하거나 그림을 못 그리거나 노래를 못한다고 해서 크게 신경 쓰이진 않아요. 축구는 좀 다르지만요. 축구를 잘하는 친구들을 보면 부럽고, 나도 잘하고 싶다는 생각이 들거든요. 그렇다고 해도 공부에서처럼 심한 열등감을 느끼진 않아요.

그것 봐. 좀 이상하지 않니? 다른 것에는 열등감을 느끼지 않는데, 왜 유독 성적에 대해서는 열등감을 느끼는 걸까? 아마 언제부터인가 공부 잘하는 사람이 곧 좋은 사람이라고 여기는 사회 분위기가 생겼기 때문 아닐까? 너희 자신도 그렇게 믿고 있고, 심지어 선생님이나 부모님들도 그렇게 생각하는 경향이 있기 때문이 아닐까? 그러다 보니 공부를 못하면 부모님에게 불효하는 것 같고, 그래서 나쁜 아이라고까지 생각하게 되는 거지. 더욱 큰 문제는 그런 열등의식에 사로잡히면 자신감을 잃고 의욕을 상실하게 된다는 거야.

맞아요. 학교에서 공부를 잘하면 좋은 학생이고 공부를 못하면 나쁜 학생이 돼버려요. 저도 공부를 못하니까 제 마음이나 행동하고는 관계없이 나쁜 학생인 것처럼 느껴지거든요.

잘 생각해봐. 공부를 잘하거나 못하는 것만으로 사람의 좋고 나쁨을 판단할 순 없어. 공부를 잘한다고 좋은 사람이 되고, 공부를 못한다고 나쁜 사람이 된다는 건 정말 웃기는 일이잖아. 이기적이고 남을 배려할 줄 모르는 아이가 공부만 잘한다고 좋은 사람이 아니고, 친절하고 배려 잘하는 친구가 공부를 못한다고 해서 나쁜 사람이 아닌 것처럼 말이야.

물론 그렇죠. 하지만 학교에서는 개인의 성품이나 인격으로 평가하지 않잖아요. 성적만 중요하게 여기는 분위기인데, 공부를 못하면 당연히 기가 죽을 수밖에 없어요.

공부를 못하면 기가 죽는다? 사실 그건 잘못된 전제에서 나온 생각이야. 여기서 잘못된 전제란 공부를 잘하는 사람만이 머리가 좋다는 믿음이지. 사실 이런 생각은 20세기 초 어느 학자가 만들어낸 지능이론에 바탕을 두고 있는데, 요즈음 그 지능이론은 별로 인정을 못 받고 있어. 과거 성현들이나 위대한 학자들에 따르면, 우리 인간이 가진 학구적인 지혜는 여러 지혜 중 단 하나일 뿐이야. 예를 들어 예술적인 지혜도 있고, 뭔가를 만들어내는 지혜도 있고, 인간관계나 인생에 관한 지혜도 있다는 거야. 즉 공부를 잘한다는 건 인간이 가진 여러 능력 중 하나이기 때문에 공부 잘한다고 곧 머리가 좋다는 뜻은 아니라는 거지. 그러니 공부를 잘한다 해서 너무 잘난 체할 것도 없고, 공부를 못한다고 해서 그리 기죽을 것도 없단다.

성현이 달리 성현이 아닌가 봐요. 인간에게 여러 종류의 지혜나 지능이 있다는 것을 이미 알고 계셨던 걸 보면요.

공부 못해도 기죽을 필요가 없는 이유를 말해줄게

그래. 이런 성현들의 깨달음은 현대에 와서 과학적으로도 입증되었어. 인간에게 여러 가지 지능이 있다는 이 이론은 '다중지능이론multiple intelligence theory'이라고 불리는데, 미국 하버드 대학교의 심리학자 하워드 가드너 교수가 1984년에 내놓았어. 가드너 교수의 다중지능이론에 따르면 인간은 적어도 여덟 가지 지능을 가지고 있어. 그리고 내가 보기에, 그 여덟 가지 지능 중에 공부와 관련된 지능은 언어지능과 논리수학지능 정도야. 언어지능이 뛰어나면 국어나 사회 같은 과목에서 유리할 거고, 논리수학지능이 뛰어나면 수학이나 과학에서 남보다 두각을 나타낼 수 있을 거야. 하지만 그 밖의 다른 지능, 즉 음악지능, 시각(미술)지능, 인간이해지능, 자연친화지능, 운동지능, 자기성찰지능 등의 지능도 인생을 살아가는 데 똑같이 중요해. 게다가 과학이 지금보다 더 발달하면, 인간지능이 최소한 수십 개 혹은 100개 이상임이 밝혀질 거라는 거야. 그렇다면 공부와 관련된 지능은 인간이 가진 100가지 지능 중한두 개 지능에 불과하다는 이야기가 되는 거지.

다중지능이론이란 말은 처음 들어요. 그런데 인간이해지능, 자연친화지능, 자기성찰지능이라는 게 뭐예요? 글자만 봐서는 언뜻 이해가 안 돼요.

가드너 교수는 〈하워드 가드너 심리학 총서〉(하워드 가드너 지음, 김동일 옮김, 사회평론)라는 책을 썼단다. 물론 쉽게 읽히는 책은 아니지. 간단히 말하자면, 인간은 누구나 여러 가지 지능을 가지고 태어나고, 그에 따르는 능력 또한 다르다는 거야. 인간이해지능은 말 그대로 남의 욕구나 필요를 알아내는 능력을 말해. 한마디로 남의 마음을 잘 아는 능력이지. 이런 사람들은 누군가 자신의 어려움을 말하지 않아도 그걸 금방 알아차리고 도와주지. 또 남의 마음을 잘 읽기 때문에 장사도 잘하고 인간관계를 원만하게 해주는 윤활유 역할을 해.

자연친화지능은 동물이나 식물과 교감할 수 있는 능력이야. 혹시 〈호스 위스퍼러horse whisperer〉라는 영화를 본 적 있니? 이 영화에는 말이 며칠째 밥을 먹지 않을 때 가까이 다가가 말과 대화하면서 눈물을 흘리기도 하고 쓰다듬기도 하면서 왜 말이 밥을 먹지 않는지 알아내는 인물이 나와. 이 밖에도 텔레비전이나 영화에서 동물들과 대화하는 사람을 봤을 거야. 바로 이들이 자연친화지능이 뛰어난 사람들이지. 그런 사람들은 이 지능을 살려서 직업으로 삼기도 해.

자기성찰지능은 어떤 역경이 찾아와도 굴하지 않고 자신의 신념을 관철해갈 수 있는 능력을 말해. 세계적인 지도자인 간디나 처칠 같은 인물들이 가지고 있는 능력이지. 불굴의 의지력, 자기를 돌아보고 닦아 나갈 수 있는 능력, 원칙에 따라 일관성 있게 행동하는 힘 등을 말해.

운동지능은 너도 쉽게 이해할 수 있을 거야. 운동을 잘하는 것도 하나의 지능이라는 거지. 이를테면 부모님이 운전하시는 걸 옆에서 보기만 했는데 어느 날 따로 배우지 않고도 자동차를 모는 사람처럼 말이야. 그런 사람은 운동지능이 상당히 뛰어나다고 봐. 옛날에 태어났다면 활을 쏘며 멋지게 사냥을 해서 무관으로 이름을 날렸을지도 모르지.

선생님 이야기를 들어보니 저도 잘하는 게 있네요. 저는 친구들을 잘 이해하거든요. 그러니까 인간이해지능이 뛰어난 편인 것 같아요. 다른 친구들보다 친구들의 마음을 빨리 알아내요. 그리고 시각지능도 좀 높은 것 같아요. 옷을 어떻게 입으면 보기 좋은지 아니면 가구를 어떻게 배치하면 좋을지 금방 알아내거든요.

그렇구나. 그러니까 열등감을 가질 필요가 전혀 없어. 공부를 못한다고 해서 너의 지능이 전체적으로 남보다 떨어지는 건 아니잖아.

오래전에 한 신문기자가 유태인 가정의 한 소년을 인터뷰했단다. 그 소년은 고등학교를 다니는데도 그때까지 분수의 나눗셈을 제대로 못했거든. 그래서 기자가 물었지.

"너는 앞으로 무엇을 할 작정이니? 아직 나눗셈도 잘 못하는데 걱정되지 않니?"

그러자 그 소년은 전혀 기죽지 않고 이렇게 대답했단다.

"그걸 뭘 걱정해요? 세상에는 나눗셈 잘하는 사람이 얼마든지 있는데요. 저는 회사를 설립할 거고요. 그럼 나눗셈을 잘하는 친구들을 얼마든지 고용할 수 있어요."

대박~! 그 친구, 수학은 못해도 자신감 하나는 끝내주네요. 나 같으면 부끄러워 아무 말도 못했을 텐데.

맞아. 그 유태인 소년은 공부를 못해도 열등감을 느끼지 않았어! 인간지능이 여러 가지라는 다중지능이론의 관점에서 보면, 비록 공부를 못한다고 해도 유태인 소년이 열등감에 빠질 이유가 전혀 없지. 왜냐하면 논리수학지능이 좀 떨어진다 해도, 인간에 관한 이해지능이나 시각지능, 자기성찰지능 등이 뛰어나면 회사를 경영하고 어려움을 이겨내고 계속해서 도전할 수 있는 힘을 가질 수 있으니까. 언어지능과 논리수학지능이 뛰어나다고 사업을 잘할 수 있는 건 아니거든.

공부를 못하면 머리가 나빠 다른 것도 못할 거라고 생각하기 쉽다. 다음 사실들을 되새기며 나 자신을 조금 더 들여다보자.

∨ 공부를 잘하고 못하고는 그 사람이 좋은 사람인지 아닌지와 아무런 관련이 없다.

∨ 인간의 지능은 하나가 아니라 여러 가지이며, 사람들은 각기 다른 능력을 타고난다.

∨ 학교 성적이 좋지 않더라도 다른 지능을 발휘해서 잘 살아갈 수 있다.

∨ 내가 가진 다른 지능은 무엇인지, 나만의 능력을 어떻게 발휘할 수 있을지 생각해보자.

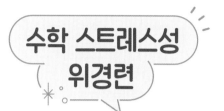

수학 스트레스성 위경련

청소년 시기는 육체적으로 가장 왕성한 활동을 하는 시기다. 하지만 대한민국 청소년들은 밤낮으로 책상 앞에 앉아 있도록 강요받고 있다. 학교에서, 학원에서, 그리고 집에서. 청소년들은 기계가 아니고 존중받아야 할 생명체다. 생명체가 성장하고 활동할 시간을 돌려주어야 한다. 그래야 비로소 제대로 배움을 시작할 수 있다.

저는 공부만 하면 배가 아프거나 머리가 아파요. 특히 수학을 공부해야겠다고 마음만 먹어도 머리가 깨질 것처럼 아파요. 왜 그럴까요?

그것 참 희한한 일이구나. 전생에 공부랑 원수진 일이 있었나?

지금 농담할 기분 아니에요. 정말 심각하단 말이에요. 저는 공부를 정말 잘하고 싶은데, 공부만 하면 여기저기가 아파서 공부를 제대로 할 수가 없어요. 잘 모르는 사람들은 저더러 꾀병을 부린다고 말하기도 하죠. 그 말을 들으면 더 화가 나고 더 큰 상처를 받아요.

그런 증세를 보이는 건 너뿐만이 아니야. 내가 아는 여학생도 너와 똑같은 병을 앓았단다. 그 학생은 춤도 잘 추고 성격도 쾌활했는데, 신기하게도 수학 수업 전이나 수학 시험을 보기 전이면 위경련이 일어나 교실 바닥을 데굴데굴 구르는 거야. 그 아이가 얼마나 고통스러워하는지 그 모습을 한 번이라도 본 선생님들은 깜짝 놀라 병원 응급실로 달려가느라 갖은 수선을 떨었지.

그런데 희한하게도 학교 차에 태워 10분 거리쯤에 있는 병원으로 달려가다 보면 언제 아팠냐는 듯 아이가 아무렇지도 않게 앉아 있는 거야. 그래도 선생님들은 안심이 되지 않아 병원에 가서 의사에게 진찰을 받게 했지.

그때마다 의사 선생님은 별 이상이 없다고 말하는 거야. 선생님들은 결국 그 아이의 그런 증세는 몸에 이상이 있어서라기보다 수학에 대한 공포감 때문이라는 결론을 내렸어. 그러고는 그 학생의 고통을 인정하는 의미에서 '수학 스트레스성 위경련'이라는 병명을 붙였단다. 의학사전에는 나오지 않는 병이지. 어쩌면 우리나라에만 있는 병일지도 몰라.

공부 스트레스에 즉효약은 없나요?

그럼 저도 공부 스트레스인가 봐요. 공부만 하면 머리가 지끈지끈 아프거나 배가 아파요. 특히 수학 문제를 풀다 보면 그런 증세가 더욱 심하게 나타나는 것 같아요.

공부 스트레스는 여러 스트레스 중 하나야. 인생을 살다 보면 스트레스를 받지 않을 수가 없지. 그중 대표적인 것이 일이나 직업과 관련된 스트레스, 인간관계와 관련된 스트레스, 이 두 가지라고 할 수 있을 거야. 연구소 연구원이나 대학 교수가 연구 성과가 잘 나오지 않아 자살했다는 보도가 종종 나잖아. 그건 직업과 관련된 스트레스성 자살이라고 해야겠지. 그리고 인간관계에서 오는 스트레스도 상당히 커. 부모님과 사이가 좋지 않다거나 엄마와 아빠가 사이가 좋지 않으면 자식들 마음은 당연히 좋지 않을 테고, 그게 심해지면 스트레스를 느끼겠지. 통계청 조사 결과를 봐도 2020년 우리나라 중학생의 30.4%, 고등학생의 37.9%가 스트레스를 받고 있다고 하니 보통 일이 아니긴 해. 어디 스트레스뿐인가. 그게 심해져서 우울감을 느끼기도 하지. 중학생 22.9%, 고등학생 27.4%가 최근 1년간 우울감을 경험했다고 해.

스트레스는 뭔가 자신이 원하는 대로 되지 않을 때, 혹은 아무리 노력해도 자신의 의지로는 통제할 수 없을 때 좌절감과 함께 찾아온단다. 너나 그 여학생의 경우, 수학을 잘하고 싶지만 아무리 노력해도 잘되지 않아서 좌절감이 생기고 그것이 스트레스로 나타나 머리가 아프거나 위경련이 일어나는 것 아닐까?

 제가 머리가 아팠던 게 다 스트레스 때문이라는 거지요.

그렇다고 봐야겠지. 너뿐만 아니라 우리나라 고3 학생들 대다수가 몸에 한두 가지씩은 이상을 느낀대. 그래서 아침 수업시간 전에 다들 보약이나 한약 한 봉지씩 가지고 와서 마신다는 거야. 너희같이 팔팔한 청춘들에게 위장병이나 만성두통은 정말 어울리지 않는데 말이야.

그럼 어떻게 해요? 이 문제를 해결할 방법은 없나요? 스트레스에 즉효약 같은 것은 없나요?

글쎄다. 그런 약이 있는지 모르겠다? 설령 약이 있다고 해도 약에 의존하면 또 다른 부작용이 생길 수도 있으니까 좀 더 안전하고 건강한 방안을 찾는 게 좋을 것 같구나. 내 생각에는 두 가지 방법이 있는데, 그중 하나는 스트레스를 일으키는 공부를 하지 않는 거야. 만일 수학 공부 때문에 스트레스를 받아 몸이 아프다면 수학을 멀리하는 거지.

🧑 수학을 멀리한다고요? 수학을 포기하라는 말씀이에요? 수학을 포기하면 대학을 포기하는 거나 마찬가진데요?

👵 꼭 그런 건 아니야. 한두 과목 포기한다고 해서 대학을 포기하는 건 아니지. 요즘 학생 수는 줄어들고 대학은 많아졌기 때문에 얼마든지 대학에 갈 수 있어. 물론 수학을 포기한다면 명문대를 가기는 어려울 수 있겠지. 하지만 건강을 잃는 것보다는 명문대를 포기하는 편이 나을 것 같은데?

진실을 말하자면, 명문대를 못 간다고 해서 인생이 반드시 나빠지는 것도 아니고, 명문대를 나온다고 해서 인생이 반드시 좋아진다는 보장이 있는 것도 아니야. 그리고 아예 대학을 가지 않는다고 해도 인생이 끝나는 것도 아니고 말이지. 대학에 가지 않고도 잘 살 수 있는 방법도 분명 있어.

🧑 학교 선생님들 이야기는 다르던데요. 흠, 그렇다면 두 번째 방법은 무엇인가요?

👵 그래. 내가 권하고 싶은 것도 이 두 번째 방법이야. 바로 운동을 하는 거지. 있잖아, 학교에서 배웠겠지만 공부도 일종의 노

동이란다. 가만히 앉아 있으니 체력은 하나도 소모하지 않는 것처럼 보이지만, 공부하는 동안 사실 우리 몸은 삽질하는 것과 같은 피로를 느낀다고 해. 그러니 하루 종일 앉아서 공부만 하면 피곤하고 화가 나서 스트레스를 받을 수밖에 없다는 거야.

내가 잘 아는 Y 교수는 어린 시절부터 피부병과 위장병 등으로 무척이나 고생했어. 어릴 때부터 아토피가 심해 온몸에 두드러기 같은 게 돋아서 잠을 잘 수가 없었지. 가려워서 여기저기 긁어대다가 잠을 설치고, 게다가 공부만 하면 두통이 생기고 배가 아파서 공부를 할 수 없었어. 그래서 그 집안에서 Y는 공부를 하지 않는 게 좋겠다고 결론을 내리고는 공부를 하지 말라고 했지. 그런데 이 친구가 미국으로 유학을 가겠다는 거야. 다들 의아해했지. 공부 스트레스가 그렇게 심한데 공부를 하겠다고 하니 놀랄 수밖에. 그런데 유학을 간 Y는 석사과정을 마치고 박사과정도 마쳐 결국 미국의 어느 주립대학교 교수가 되었어. 더 놀라운 것은 몇 년간의 논문 성과가 너무나 뛰어나서 그 대학에서 100인의 인물로 선정되었다는 거야. 그 집안에서는 Y 교수를 '개천에서 난 용'이라고 부르며 놀려댔다고 해. 도대체 Y 교수에게 무슨 일이 일어난 걸까? 너무 궁금해서 그 교수를 만나서 어떻게 된 일인지 물었어.

"자네가 공부를 그렇게 잘해내다니 정말 신기해. 공부만 하면 늘 몸이 아프던 사람이 말이야?"

그 친구가 이렇게 대답하더구나.

"격렬한 운동을 두 시간 하고 나면 두 시간 동안은 공부에 집중할 수 있더라고요. 그래서 늘 공부하기 전에 농구나 수영, 달리기 등 온몸이 녹초가 될 때까지 운동을 하곤 했어요. 그러고 나서 샤워를 하고 책상에 앉으면 그 전과는 달리 스트레스가 느껴지거나 몸에 이상이 생기지 않았죠. 이걸 깨달은 뒤에는 이런 방식으로 지금까지 공부했고요. 이젠 두통도 없고 위장병도 없어요."

 그것 참 신기하네요. 운동을 하면 공부 스트레스를 없앨 수 있다는 거네요.

운동을 하면 머리가 좋아진다는 연구 결과도 있어

물론이지. 몸을 쓰면 스트레스가 없어질 뿐 아니라 머리도 좋아진다는 연구 결과가 아주 많단다. 대표적인 예로 미국 일리노이 주 네이퍼빌의 센트럴고등학교를 들 수 있지. 이 학교는 정규 수업을 시작하기 전에 학생들에게 1마일(약 1.6킬로미터)을 달리도록 시켰대. 그 이유가 재밌는데, 운동을 통해 학생들의 두뇌를 공부하기 가장 적합한 상태로 만들기 위해서였다고 해. 그 결과 학생들의 읽기능력과 문장 이해력이 17% 향상되었다는 거야.

영국에도 비슷한 예가 있어. 19세기 초 영국의 사립학교에서는 학생들 사이에 폭력과 집단 괴롭힘이 매우 심각했어. 사립학교는 기숙사 생활이 원칙이어서, 모든 규율이 엄격했는데도 그런 일이 벌어진 거야. 그래서 한 사립학교 교장이 원인을 분석해봤는데, 아이러니하게도 엄격한 규율이 문제였던 거야. 지나치리 만큼 철저하게 관리하다 보니 학생들은 스트레스를 받았고, 그게 쌓여서 폭력으로 나타났던 거지. 이 학교는 럭비 덕분에 그 고민에서 벗어날 수 있었어. 잔디밭 위를 달리면서 친구들과 몸을 부딪치자 스트레스가 풀렸고, 결과적으로 폭력도 줄어든 거야. 이걸 본 다른 학교에서도 학생들에게 럭비를 시켰대.

🧑 이야기를 듣다 보니 저도 당장 운동을 시작해야겠다는 생각이 드네요. 그럼 어떤 운동이 좋을까요?

👴 글쎄다. 어떤 운동이 맞는지는 사람마다 다르단다. 어떤 사람에게는 격렬한 운동이 적합하고, 어떤 사람들에게는 가벼운 운동이 좋으니까. 네가 알아야 할 건 운동이란 단순히 공부를 잘하기 위한 수단이 아니라는 거야. 신체적 운동은 모든 생명체가 살아가는 근간이란다. 살아 있는 모든 생명체는 운동을 해야만, 즉 움직여야만 건강한 생명체가 될 수 있어. 닭장에 갇혀 종일 먹이만 먹는 닭을 보렴. 닭장 속에 가둬 키운 닭의 육질은 삶으면 종잇조

각처럼 푸석푸석해. 당연히 맛도 없지. 그러니 기름에 튀기고 양념을 해야만 먹을 수 있는 거야. 하지만 마당을 마음껏 돌아다닌 닭은 근육이 무척이나 튼튼하고 건강해서 양념을 하지 않고 그냥 먹어도 맛이 있지. 병에 걸릴까 봐 항생제를 쓸 필요도 없고. 하지만 양계장의 닭들은 몸이 약하고 면역체계가 발달하지 못해 늘 항생제를 먹여야 하고, 게다가 한번 전염병이 돌면 거의 예외 없이 다 죽고 말아. 자연 속에서 운동하며 자라난 닭들과는 전혀 다르지. 사람도 마찬가지란다. 늘 앉아 있기만 하고 운동을 하지 않는 사람은 몸이 약해지고 병에 잘 걸리며 스트레스를 이길 수 있는 힘이 없는 반면에, 늘 운동을 하는 사람은 몸이 건강해 병에 잘 걸리지 않고 스트레스도 쉽게 이길 수 있어.

아, 운동이 정말 중요하군요. 그런데 학교에서는 체육 시간에 체육을 하지 않고 왜 수학이나 영어를 가르칠까요?

운동은 인생의 고비를 견딜 수 있는 강인함도 길러주지

그건 정말 불행한 일이야. 요즈음 대한민국 학생들은 실내에서, 그것도 거의 종일 앉아서 시간을 보내지. 게다가 안타깝게도 신체활동이 점점 더 줄어들고 있는 추세야. 2020년 청소년종합 실태조사에 따르면 청소년의 신체활동은 일주일에 평균 2.1시간 으로 2017년 조사 때보다 1.7시간이나 줄었들었다고 해. 가장 왕성한 시기에 학교에서도 계속 앉아 있고 방과 후에도 학원이나 과외 때문에 책상에 앉아 있어야 하니 당연한 결과겠지. 어디 그뿐이니? 학교에서 집에 늦게 돌아와서도 텔레비전이나 컴퓨터 앞에 앉아 시간을 보내지. 이 시기에는 사실상 하루 몇 시간은 바깥에서 마음껏 뛰어놀아야 하는데, 우리나라 학생들은 공부와 컴퓨터에 그런 자유를 빼앗기고 말았어. 그래서 몸이 약해지고 신경질만 늘어서, 이기적이고 소극적이고 스트레스를 견디지 못하는 약골이 되어가는 거야.

하지만 세계적 수준의 명문학교들은 그렇게 하지 않아. 매일의 일과에 여러 가지 운동이 반드시 포함되어 있고, 상당히 격렬한 운동도 권장하는 편이거든. 젊은 시절에 격렬한 운동이 필요한 이유는 운동이 인생의 어려운 고비를 잘 견딜 수 있는 강인함과 인내력을 길러주기 때문이야. 즉 스트레스를 잘 이겨낼 수 있게 한다는 뜻이지. 그렇다 보니 그런 명문학교의 졸업생들이 사회의 지도자로 성장하는 거야. 좋은 교육이라면 아이들이 축구, 배구, 테니스, 자전거 타기, 마라톤, 수영 등 자신이 좋아하고 저마다의 체력에 맞는 운동을 최소한 한 가지씩 골라서 지속적으로 즐길 수 있도록 도와줘야 한다고 생각해.

✦✦ 오늘의 대화 생각해보기 ✦✦

공부하기 싫어서 꾀병 부린다는 핀잔을 자주 들었다면, 스트레스 때문이라고 당당히 말해보자. 그리고 몸에 계속 이상 증상이 생긴 다면 그 원인을 파악해보고, 여기서 제시하는 해결책을 적극 활용해보자.

∨ 공부는 가만히 앉아서 하지만 마치 장시간 삽질을 한 것과 같은 피로도가 몸에 쌓인다. 머리로만 하는 게 아니라 몸으로도 공부하는 것이다.

∨ 공부로 인한 스트레스를 해소하는 가장 좋은 방법은 몸을 움직이는 활동, 즉 운동이다.

∨ 운동은 체력뿐만 아니라 정신적 스트레스를 견디는 강인함과 인내력을 길러준다.

∨ 내가 좋아하고 내 체력에 맞는 운동에는 무엇이 있을까? 그 운동을 일주일에 세 번 이상 꾸준히 해보자.

∨ 학업과 운동 시간을 어떻게 배분하고 조율할지 부모님과 상의해보자.

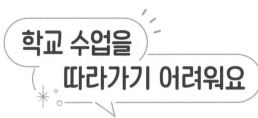

학교 수업을 따라가기 어려워요

중고등학교 모든 과목에서 기초학력 미달 비율이 증가했다. 특히 중학교 수학 기초학력 미달은 13.4%에 달한다고 한다. 학교 수업을 따라가지 못하는 청소년들이 늘어난 것이다. 또한 2018년 기준 매년 5만 2,500여 명에 달하는 청소년들이 학교를 떠나고 있다. 학교를 떠나는 아이들을 일탈 학생이나 학교 부적응자이라고 부르기 전에, 왜 이런 일이 일어나는지 진지하게 생각해봐야 한다.

요즘은 정말 학교에 가기 싫어요. 하루하루가 제게는 고통이에요. 어떻게 하면 좋죠?

그것 참 문제구나. 왜 학교에 가기 싫지? 그 이유를 말해보렴.

학교는 공부하기 위해서 다니는 곳이잖아요? 그런데 저는 학교에서 배우는 게 아무것도 없어요.

그게 무슨 말이니? 학교에서 배우는 게 아무것도 없다니?

학교에 가면 아침부터 저녁까지 국어와 영어, 수학, 과학 등 수많은 과목을 배우잖아. 거기다가 방과 후 학습, 자기주도학습까지 하고 있는데, 배우는 게 아무것도 없다니?

 학교에는 두 부류의 아이들이 있다는 거 아세요?

 음, 두 부류의 아이들이라고? 설명을 좀 해줄래?

절반 정도의 아이들은 학교에 가서 그냥 앉아만 있을 뿐인걸요

 한 부류의 아이들은요, 집도 잘살고, 머리도 좋고, 학교에서 배워야 할 걸 이미 1, 2년 전에 학원이나 과외를 통해 다 배웠죠. 그리고 다른 부류의 아이들은요, 머리도 좋지 않고, 집도 그렇게 잘살지 못해요. 물론 저는 후자에 속하고요. 그런데 선생님들은 우리가 학원에서 미리 배웠다고 생각하고 수업을 해요. 그래서 자세하게 설명을 해주기보다는 중요한 것만 알려주죠. 진도를 빨리 나가야 한다면서요. 어차피 공부 잘하는 아이들은 다 알고 있으니까 문제가 되지 않겠지만, 저 같은 경우는 수업시간에 제대로 이해를 하지 못하고 넘어갈 때가 많아요. 수업시간에 배우는 내용을 이해하지 못하니, 수업시간이 정말 길고 지루해요.

 너 같은 아이들이 얼마나 되니?

 정말 몰라서 물으시는 거예요? 우리 반만 해도 저 같은 아이들이 상당히 많아요. 아마 절반 정도는 될 거예요. 그냥 아무 말도 하지 않고 조용히 앉아 있으니까 아무 문제도 없는 것처럼 보일지 모르지만요. 하지만 반 이상의 아이들은 그냥 학교에 와서 앉아 있는 거지 실제로 공부하는 건 아니에요. 선생님들도 이런 사실을 알고 계시고요. 다만 크게 문제를 일으키지 않으니까 문제 삼지 않을 뿐이죠.

 선생님, 혹은 부모님에게 이런 상황에 대해 말해본 적 있니?

 자세히는 아니지만 엄마에게 학교 다니는 게 힘들다고 말씀드린 적은 있어요.

 뭐라고 말씀하시든?

 힘든 거 다 이해하지만 달리 방법이 없지 않느냐고 하셨어요. 그러니 열심히 공부해서 일단 대학에 들어가자고 하셨죠. 제가 학교를 그만둔 친구 이야기를 하니까 걱정을 많이 하셨어요. 우리나라에서 고등학교 졸업장도 없이 살아가기란 정말 어렵다고요. 아직 세상을 몰라서 그렇지, 나중에 크면 후회할 거라면서 공부하기 힘들더라도 고등학교까지는 반드시 졸업해야 한다고 하셨어요. 대학도 가능하면 좋은 데 가야 한다고 하셨고요. 저는 공부가 하고 싶어서 학교를 그만두려는 건데, 엄마는 제가 공부하기 싫어서 학교를 그만두려는 것으로 생각하세요.

학교 부적응자가 곧 무능력자는 아니란다

정말 힘들겠구나. 이해도 못 하는 이야기를 멍하니 듣고 있는 것만큼 힘든 일도 없지. 그래, 그럼 넌 앞으로 어떻게 할 생각이니?

글쎄요. 제가 할 수 있는 게 뭐가 있겠어요. 부모님의 동의 없이는 학교를 휴학하거나 자퇴할 수 없잖아요. 학교에 가서 평소에 읽고 싶었던 책들을 읽을까 생각 중이에요.

학교가 무슨 도서관이니? 수업 중에 다른 책을 읽다가 선생님에게 들키면 꾸중 들을 텐데.

아니에요. 잔소리하시는 선생님들도 있지만, 대부분 선생님들은 조용히만 있으면 개의치 않으세요. 잠을 자도 깨우지 않는 경우도 많고요.

정말 안타까운 일이구나.

다른 방법이 없잖아요. 공부는 따라가기 어렵고, 학교는 가야 하고……. 그래도 저는 부모님과 그나마 이야기가 통하는 편이에요. 다른 아이들은 부모님에게 이런 이야기조차 꺼낼 수 없대요. 그랬다가는 엄청 야단맞거나 심지어 얻어맞을지도 모르니까요.

그렇지. 우리나라 부모님들은 어떤 경우에도 학교는 가야 한다고 믿고 있으니까. 난 그걸 '학교의 신화'라고 부른단다. 학교에만 가면 된다는 생각 말이야. 사실 많은 아이들이 고통만 받을 뿐 학교에서 정작 배울 것을 배우지 못하는 경우가 많은데, 정작 부모님들은 자녀들이 학교에서 실제 어떻게 생활하는지 잘 모르고, 학교만 가면 된다고 믿고는 하지.

어떤 애들은 아예 학교를 학원에 가기 전에 친구 만나고 쉬고 잠자는 곳으로 생각하기도 해요.

학교가 배움의 장소에서 학원을 위한 들러리로 전락했다니, 정말 한심한 노릇이구나. 이건 너희 탓이 절대 아니야. 그러니 학교 부적응자라는 말에 크게 상처받지 않았으면 해. 학교 부적응자가 곧 무능력자라는 뜻은 아니니까.

네. 그렇지만 수업도 못 따라가고, 의욕도 하나 없는데 학교에 왔다갔다만 하기가 정말 괴로워요.

(우선 네가 좋아하고 잘하는 과목을, 하나만 만들어보렴)

네 말대로 절반 이상의 학생에게 학교가 배움의 장소가 아니라면 참 충격적인 일이야. 그러면 그 많은 아이들은 어디서 배워야 할까? 물론 뚜렷한 해답이 없으니까 아이들 대부분이 학교에서 잠을 자고 저녁에 학원에 가서야 공부를 하겠지. 즉 학교는 휴식의 장소가 되었고 학원이 배움의 장소가 되었구나. 그렇다면 학교에는 왜 가야 할까? 저녁에 학원에 가서 공부할 작정이면, 낮에는 집에서 편히 쉬거나 운동을 하거나 좀 더 즐겁고 건강한 생활을 하는 게 나을 텐데 말이야. 왜 학교에 가서 딱딱한 의자에 앉아 잠을 자느냐 말이야. 아무리 생각해도 비합리적이지 않니?

 물론 그렇죠. 하지만 그렇다고 학교에 안 다닐 수도 없잖아요.

 그래, 맞아. 너희에게 선택권이 주어지지 않는 것이 현실이지. 하지만 네가 만일 정말이지 학교에서 종일 아무것도 배우지 못하고 있다면, 뭔가 해결책을 찾아야만 해. 학교에서 잠을 자거나 딴생각을 하거나 수업과 관계없는 독서를 하면서 3년을 보낸다는 것은 아무리 생각해도 어처구니없는 일이니까. 수업을 따라가지 못하는 상황에서 네가 선택할 수 있는 길은 크게 두 가지가 있겠구나. 수업을 따라갈 수 있도록 노력하거나, 그게 아니라면 학교를 그만두거나.

 수업을 따라갈 방법이 있을까요?

 모든 수업을 잘할 수는 없더라도 최소 몇 과목은 따라갈 수 있지 않을까? 예를 들어, 기초 없이는 하기 어려운 수학이나 영어는 지금 당장 따라갈 수 없다는 걸 인정하더라도, 국어, 사회, 역사, 음악, 체육 같은 과목은 따라갈 수 있지 않을까? 노력한다면 말이야.

 저는 음악이나 미술 정도는 따라갈 수 있을 것 같은데, 다른 건 어려울 것 같아요. 엄청난 노력을 해본 건 아니지만요. 솔직히 말하자면, 학교에서 하는 모든 수업에 관심이 가지 않아요. 그냥 지루하기만 해요.

그렇구나. 그래도 일단 완전히 포기하지 말고, 할 수 있는 몇몇 수업이라도 최선을 다해 따라가보려고 노력해봐. 그러면 학교 가는 게 그리 고통스럽지만은 않은 날이 오지 않을까?
그런데 네가 엄청난 노력을 했는데도, 학교 수업 대부분을 따라갈 수 없거나 전혀 흥미를 느끼지 못한다면 제3의 선택도 생각해봐야 할 것 같아. 학교에서 잠만 자거나, 아니면 학교를 완전히 그만두는 것이 아닌 제3의 선택 말이야.

그런 것도 있나요?

있지. 다른 종류의 학교를 선택하면 돼. 어쩌면 네게는 인문계 교육이 맞지 않을 수도 있어. 세계 대부분의 나라에서는 중학교 2, 3학년쯤 되면 대학에 갈 학생과 대학에 가지 않고 고등학교 졸업 후에 바로 직업을 가질 학생으로 나뉘고, 후자는 대학을 준비하는 인문계가 아닌 직업을 준비하는 학교를 선택해. 우리나라의 경우, 인문계가 아니라 인성교육에 중점을 두는 대안학교를 선택하거나 한 분야를 깊이 있게 배울 수 있는 특성화학교를 선택할 수 있을 거야. 인터넷에 '대안학교' 혹은 '특성화학교'라고 치면 그런 학교들에 관한 정보를 알 수 있지. 현재 '특성화학교'라고 불리는 학교는 전국에 수백 개가 있는데, 이 학교에서는 한 가지 구체적인 분야를 전문적으로 배워. 미용, 음악, 영상, 승마, 요리, 컴퓨터 등 한 분야의 전문인이 되기 위해 실습과 이론을 배우는 고등학교지. 교육청이나 교육과학기술부 홈페이지에 들어가서 살펴보면 네게 흥미 있는 대안학교나 특성화학교를 찾을 수 있을지도 몰라.

아, 그렇지만 그런 정보를 본다고 해도 막상 제가 어떤 학교를 선택해야 할지 모를 것 같은데요.

지금까지 깊게 생각해보지 않았으니 그럴 법도 하지. 그래도 우선 그런 학교들에 관해 알아보면 선택의 폭을 넓힌다는 측면에서 긍정적이지 않을까? 인터넷이나 교육부 사이트에서 정보를 찾아보고 그 이후에 관심이 가는 학교가 있으면 그 학교에 대해 자세히 알아보는 게 좋을 거야. 직접 방문해서 학교를 둘러보고 그곳 선생님이나 학생들과 이야기도 나눠보고 말이야. 제대로 된 선택을 하는 데 도움이 될 거야.

 좋은 생각이긴 한데요, 제가 지금 고1인데 그러면 친구들보다 1년이 늦어지게 되잖아요. 1학년을 다시 다녀야 하니까요.

물론 그렇지. 하지만 3년이라는 인생을 낭비하는 것보다 1년 늦어지는 편이 훨씬 이익 아닐까? 그리고 네 나이 때는 1년 차이가 큰 것 같지만 좀 더 나이가 들면 1, 2년은 아무 문제가 되지 않아. 대한민국 대학생들이 평균적으로 몇 년 만에 대학을 졸업하는지 아니?

4년 아니에요? 대학은 4년제잖아요.

아니, 그렇지 않아. 우리나라 대학생들은 평균 5년 1.5개월 만에 대학을 졸업한다는 통계가 있어. 중간에 휴학을 해서 해외 어학연수를 다녀오기도 하고 회사에서 인턴사원으로 일하기도 하고, 취업을 위한 준비를 더 하기도 하고, 경제적 사정으로 학업을 잠시 중단하기도 하지. 이렇게 여러 가지 사유로 4년을 훌쩍 넘겨서 졸업을 한다는 거야. 그런데 놀라운 사실은 그렇게 졸업을 하고도 대학생 중 거의 절반은 전공 선택을 후회한다는구나. 즉 대학에 가서 무엇을 공부할지 잘못 결정했다는 말이지.

그럼 우리나라 대학생 중 절반이 20대 인생 중 6년을 낭비한다는 이야기군요.

안타깝지만 그래. 그러니까 네가 만일 제대로 배울 수 있는 고등학교를 선택하느라고 1년을 더 썼다 해도 우리나라 대학생들의 현실에 비하면 그리 나쁜 선택은 아니라는 거야. 먼저 네가 어떤 선택이 현명할지 생각해보고 네 생각을 잘 정리해서 부모님과 차분하게 이야기를 해보면 어떨까? 너희 부모님이라면 네 이야기에 귀 기울이실 것 같기도 한데. 만약 말로 하기 어렵다면 네 생각을 글로 정리해서 편지를 써보는 것도 좋을 것 같아. 중요한 건 제대로 정리된 네 생각과 진심을 부모님에게 알리는 거니까.

네. 깊이 생각해볼게요.

╋╋ 오늘의 대화 생각해보기 ╋╋

학교에서 성적으로만 학생들을 평가하는 이상 대다수 학생들은 결코 행복할 수 없다. 그렇지만 행복해질 수 있도록 노력해볼 수는 있다.

∨ 수업을 따라가지 못하는 이유는 뭘까? 내가 충분히 노력하지 않아서일까, 아니면 인문계 학교가 나에게 맞지 않아서일까?

∨ 그동안 충분히 노력하지 않은 것 같다면, 흥미 있는 몇몇 과목이라도 따라잡으려고 최선의 노력을 해보자.

∨ 아무리 노력해도 학교에 적응하기 힘들다면, 다른 대안을 찾는 것이 더 현명한 선택일 수 있다. 특성화학교나 대안학교가 내게 더 맞는 곳일 수 있다.

∨ 무엇을 배우고 싶고, 어떻게 배우고 싶은지 깊이 생각해보는 시간을 가져보자.

공부 못하면
밥 먹고 살기 힘들대요

오늘날 청소년들은 미래에 대해 막연한 불안감을
갖고 있다. 좋은 대학에 못 가면 먹고살기 힘드니, 공부 못하는 자신은 장래가 어둡다고 믿
으며 두려워한다. 하지만 성적과 좋은 대학은 행복한 인생과는 아무런 상관이 없다. 누구
든 배움의 기쁨을 누릴 수 있고, 행복을 누릴 수 있다. 학교 공부가 공부의 전부는 아니다.

  솔직히 저는 공부에는 별 취미가 없어요. 전에 공부는 여러 지능 중에 하나의 지능에 불과하고, 공부를 못한다고 해서 기죽을 필요가 없다고 하셨잖아요. 그럼 공부 못해도 잘 살 수 있는 방법이 있을까요? 공부를 잘 못하는 것도 걱정이지만 나중에 커서 뭘 해서 먹고살아야 하나 하는 걱정도 크거든요.

허허, 벌써부터 먹고살아갈 걱정을 하니?

정말이에요. 저뿐만 아니라 이런 고민을 하는 친구들이 꽤 많아요. 요즘에는 코로나19로 경기침체가 심해졌다고 하잖아

요, 20대 형이나 누나들도 취업하기 어렵다고들 하고요. 더구나 앞으로 미래 시대에는 로봇이나 인공지능이 사람의 일자리를 대체한다고 하던데, 그러면 저희는 앞으로 뭘 하면서 먹고살아야 할까요?

그래. 우리 사회 대부분의 사람이 돈이 중요하다고 생각할 거야. 사회 분위기도 점점 그렇게 흘러가고 있고. 아마 너희들도 어렸을 때부터 돈 이야기를 많이 들으면서 컸을 거야. 그래서 앞으로 먹고살 일을 걱정하는 것 같구나.

(공부 못해도 잘 살 수 있는 방법은 없나요?)

부모님들이 '공부해라, 공부해라', '그래 가지곤 밥 먹고 살기 어렵다'는 이야기를 하시는 것도 모두 공부를 못하면 직장을 잡기 어렵고 직장을 못 가지면 밥 먹고 살기 어렵기 때문이잖아요. 그런데 공부 못해도 기죽을 필요 없다고 하셨으니, 공부를 못해도 잘 살 수 있는 방법도 알려주셨으면 해요.

정말 안타깝고 미안한 일이지만 나도 그 방법을 모른단다. 대신 도움이 될 만한 이야기를 하나 들려줄게. 내가 대학생이었을 때 아버지 친구 분의 개인 식물원에 가서 방학 동안 일을 도와드린 적이 있는데, 그때 들은 이야기란다 그분은 영국 왕실식물원을 방문한 적이 있대. 그곳에서 왕실식물원 원장을 만나 이야기를 나누던 중 식물학 공부를 언제 어떻게 시작했는지 궁금해서 이렇게 물었다는 거야.

"원장님은 어느 대학에서 식물학을 공부하셨나요? 케임브리지 대학교인가요, 아니면 옥스퍼드 대학교인가요?"

이 질문에 원장이 웃으면서 이렇게 대답하더래.

"나는 대학에 다닌 적이 없어요. 사실 학교를 제대로 다닌 적이 없답니다."

아버지 친구 분이 깜짝 놀라서 이렇게 물었지.

"그럼 어떻게 식물학을 공부하시게 되었나요?"

그러자 그 식물원 원장이 자신의 어린 시절 이야기를 하더라는 거야. 그 원장의 아버지가 원래 식물학자여서 어린 시절부터 아버지에게 질문하고 대답을 들으면서 자연스럽게 꽃과 나무와 함께 자랐고 예닐곱 살이 되면서부터는 꽃과 나무를 심고 키우는 일에 열중했다고 해. 또래 아이들이 입학해서 학교를 다니는데도 원장은 학교에 가지 않았대. 그래서 만나는 사람마다 왜 학교에 가지 않느냐고 물었다는 거야. 그때마다 원장은 이렇게 대답했대.

"너무 바빠서 학교에 갈 수 없어요."

그 원장은 꽃을 키우고 나무를 기르느라 바빠서 학교에 갈 시간이 없었던 거지. 배워야 할 것이 너무 많고 하고 싶은 일이 너무 많아서 학교에 갈 수가 없었다니, 정말 놀랍지 않니? 초등학교 때 이미 배움의 재미에 푹 빠져 있었다는 게 말이야. 그래서 스무 살이 되기 전에 이미 식물학 분야에서 세계적인 권위자가 되었고, 영국 왕실식물원의 원장이 된 거지.

    정말 놀랍네요.

한 분야에 몰두해 실력을 쌓으렴

    공부를 못해도, 아니 아예 학교를 다니지 않아도 그분처럼 배움의 재미에 푹 빠져 살 수 있다면 먹고사는 걱정은 하지 않아도 된다는 거야.

    하지만 우리나라에서는 그런 일이 가능하지 않잖아요. 어른들 말로는 우리 사회는 학벌사회라고 하던데요! 한 분야에서 정말 뛰어나다고 하더라도 학벌이 없는 사람을 인정해주지 않잖아요!

    그래. 네가 현실을 아주 잘 알고 있구나. 우리 사회에서 학벌이 없으면 중요한 지위에 오르기는 사실상 쉽지 않아. 내가 이 이야기를 들려준 이유도 네가 학교에 가지 않아도 된다는 말을 하기 위해서는 아니야. 내가 말하고 싶은 것은, 그분처럼 한 분야에서 실력을 쌓으면 나름대로 떳떳하게 살아갈 수 있다는 거지. 비록 영국 왕실식물원장이라는 직함과 같은 사회적 명성을 얻지는 못한다 해도 자신의 일을 즐기면서 살아가는 것도 중요하거든.

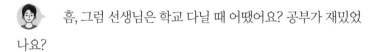 배움의 기쁨이라……. 정말 이해가 되지 않아요. 배움의 고통만 느끼고 사는 제게 그건 딴 나라 이야기 같아요.

철학자 버트런드 러셀은 어릴 때 어머니와 여동생을 잃고 매우 큰 충격을 받았대. 그래서 어려서부터 수시로 자살 충동을 느꼈다는 거야. 그런 그가 어떻게 98세까지 살았을까? 그의 자서전을 보면 그는 자살 충동을 느꼈지만 수학에 대해 조금이라도 더 알고 싶은 마음에 자살을 하지 않았다고 해. 어떤 사람은 수학이 싫어 죽고 싶은데, 또 어떤 사람에게는 수학이 삶의 이유가 된다니 놀랍지 않니?

흠, 그럼 선생님은 학교 다닐 때 어땠어요? 공부가 재밌었나요?

물론 아니지. 나도 너희처럼 대학입시 준비를 해야 하는 고등학교를 다녔거든. 그러니 너희들처럼 공부에 시달리며 살았어. 그러다가 뭔가 배우는 게 정말 재미있다고 느낀 건 스물여섯 살 때쯤이야. 그때 난 난생처음 내 손으로 집을 지었어. 집이라고는 할 수 없고, 아주 자그마한 오두막이라고 해야겠지. 마을의 목수 한 분과 둘이서 그 오두막을 지었는데, 집 짓는 일이 얼마나 재미있는지 마음이 설레서 잠이 오지 않더구나. 그래서 새벽에 날이 밝기도 전에 일어나 장화를 신고 밖으로 나가서 일하기 시작했고 어둑어둑해져서야 집으로 돌아왔지. 그때 난 기둥을 어떻게 세울지, 욕실은 어떻게 디자인할지 여러 가지 생각에 저녁만 되면 마음이 들뜨곤 했어. 누가 억지로 시킨다고, 새벽부터 밤늦게까지 일하겠니? 하지만 내가 스스로 재밌으니까 밤낮없이 설레는 마음으로 일을 한 거야. 너희들도 마찬가지야. 공부를 스스로 하는 것이 아니라 억지로 하니 재미가 없는 거지. 공부하라고 강요하면 기쁨을 느끼며 배우기 어려울 수밖에 없어.

아, 그렇군요. 저도 그런 배움의 기쁨을 누리고 싶어요. 어떻게 하면 그럴 수 있을까요?

공부를 못해도 실력은 갖출 수 있단다

인생에서 배움의 기쁨이 없다면 그건 인생이 아니야. 인생은 배움의 여정이고 그 여정은 죽는 날까지 계속되거든. 그러니 배움에 기쁨이 없다면 인생 자체가 무의미해지지. 적어도 배움의 기쁨을 누릴 수 있다면 돈, 명예, 권력이 있건 없건 그 인생은 축복받은 거야. 배움의 기쁨을 느낄 수 있다면 늘 지혜를 쌓고 성장하며 성숙해지는 인생을 살아갈 수 있을 테니까. 그러니 너도 진정 배우고 싶은 것을 배우고 하고 싶은 일을 하면 된단다.

선생님께는 죄송하지만 여전히 제게는 배움의 기쁨이라는 말이 딴 나라 이야기로 들려요.

죄송할 것까지는 없다. 그렇다면 잘 생각해보렴. 시간 가는 줄 모르고 몰두했던 적은 있니? 책을 읽다가 뒷이야기가 궁금해 밤을 새웠다든가 박물관에 갔다가 흥미로운 주제를 만나 한동안 자리를 뜨지 못했다든가 하는 경험 말이야. 누가 시키지 않아도 몰두하는 것은 10대에 가장 중요한 일이란다. 국어, 영어, 수학은 못해도 네가 잘하는 일을 찾아 실력을 갖춘다면 부모님도 분명 너를 믿어주실 거야.

✦✦ 오늘의 대화 생각해보기 ✦✦

영국 왕실식물원 원장은 어린 나이에 어떻게 배움에 깊이 빠져들 수 있었을까? 그 분이 특별한 것일까? 그렇지 않다. 우리 모두 배움의 기쁨을 느낄 수 있다.

∨ 반드시 공부를 잘해야만 밥벌이를 할 수 있는 것은 아니다.

∨ 배움의 재미에 푹 빠져서 한 분야의 전문가가 된다면 먹고사는 걱정은 하지 않을 수 있다.

∨ 자신이 좋아하는 일을 찾는다면 그 일을 즐기면서 살아갈 수 있다.

∨ 배움의 기쁨을 알고 싶다면 내가 어떤 일을 할 때 가장 몰두하는지 떠올려보자.

많은 청소년들이 외모에 콤플렉스를 가지고 있다.
키, 얼굴형, 눈, 코 등에 대한 10대들의 고민은 무척 구체적이고 추구하는 바가 비슷하다.
미의 보편적 기준이 있다지만, 아름다움이란 대체로 주관적이다. 그러므로 아름다움에
대한 자신만의 기준을 찾고, 비교하기보다 스스로를 사랑하는 법을 배워야 한다.

저는 외모에 콤플렉스가 심해요. 못생긴 애들을 '오크'라고 놀리는데, 제가 우리 반 오크예요. 그래서 자신감도 떨어지고 늘 우울하죠. 나중에 돈이 생기면 성형수술을 할 거예요.

필요하다면 성형수술을 하는 것도 한 방법이겠지. 그래도 결정을 내리기 전에 아름다움이 무엇인지 꼭 한번 생각해봤으면 해. 성형수술을 하고 나서 후회하는 어른도 무척 많거든.

넌 아름다움의 기준이 뭐라고 생각하니? 그러니까 쉽게 말해서 네가 생각하는 잘생긴 남자와 여자는 구체적으로 어떤 사람이니?

그야 당연히 텔레비전이나 영화에 나오는 배우들이죠. 김태희, 신민아, 원빈, 엠마 왓슨, 티모시 샬라메 같은 스타들이요.

아름다움의 기준은 시대마다 다르단다

그럴 줄 알았어. 그런데 말이야, 시대에 따라 아름다움의 기준이 달라진다는 건 알고 있니? 지금은 네가 말한 남녀 배우들이 잘생긴 사람들로 꼽히지만 옛날엔 좀 달랐단다. 비너스를 떠올려봐. 뭐가 생각나니? 아마 통통하다는 게 인상적일 거야. 지금이라면 뚱보라고 놀림받을 만큼 통통하지. 동서양을 막론하고 과거에는 좀 통통하게 살이 찐 여성이 아름다운 여성상이었어. 그런데 지금은 어때? 바짝 마르고 키가 크고 가슴이 큰 여성들이 아름다움의 상징이 되었지.

그렇다면 이런 미의 기준을 누가 만들어낸 걸까? 언뜻 보기에는 모든 사람이 보편적인 미의 기준을 가지고 있는 것 같지만, 자세히 들여다보면 그건 사실 상업적인 유행에 따라 달라진단다. 기업이 영화배우나 모델의 이미지를 통해 주기적으로 미의 기준을 만들어내고 그 기준을 사회에 통용시키는 거지. 한마디로 소비를 부추기기 위한 전략인 거야. 이런 기준에 따라 사람들은 외모 콤플렉스를 갖게 되고, 결국 기업은 자신들의 목표를 달성하게 되지. 외모 콤플렉스를 조장해야만 사람들이 거기에서 벗어나기 위해 안달이 나서 상품을 살 테니까 말이야.

 그러니까 미의 기준이 늘 변한다는 말씀이세요?

 물론이지. 주기적으로 변한단다. 새로운 상품을 내놓을 때마다 미의 기준을 새로 만들기도 하지. 요즘은 너도나도 건강미, 건강미 하지만 몇 년 전만 해도 아주 마른 몸을 선호했잖아. 다시 말해 적어도 몇 년에 한 번은 미의 세부기준이 바뀌고 10년 정도에 한 번은 미의 기준이 달라진다는 거야. 네 생각에는 미의 보편적 기준이 있는 것 같니? 그러니까 모든 사람이 입을 모아 감탄하는 그런 아름다움이 존재하는 것 같냐는 말이야. 시대가 아무리 변해도, 시간이 아무리 흘러도 누가 봐도 아름다운 사람이 존재한다고 생각해?

 글쎄요, 솔직히 잘 모르겠어요.

 나도 그래. 전통적인 미의 이론에 따르면 균형미가 그런 보편적인 기준 가운데 하나로 인정돼. 예를 들어 양쪽 눈이 같은 크기로 대칭된다거나, 상반신과 하반신이 어떤 비율이어야 한다거나 등 균형의 조화가 미의 기준이 된다는 거야. 이런 기준은 어느 정도 일리가 있는 것 같아. 하지만 아름다움은 이런 보편적인 기준에 어느 정도 영향을 받는다 해도 상당히 개인적인 데다 상대적이고 주관적인 영역이야. 그러니까 깊이 들여다보면 인간은 한 유형의 사람만을 아름답다고 여기지는 않는다는 거야. 솔직하게 자신의 의견을 말해달라고 하면, 모든 사람이 오늘날의 미의 상징인 모델에 끌리는 건 아니라는 걸 알 수 있단다. 미의 기준은 이렇듯 다양하고 상대적이야.

그러니까 선생님 말씀은 개인에 따라 아름다움에 대한 주관적인 기준이 다르다는 거지요? 그럼 그 기준은 어디에서 오는 걸까요?

글쎄다, 참 어려운 질문이구나. 여러 가지 요인이 있을 텐데, 그중에서도 개인의 유전적인 요인이나 개인이 자라난 사회·문화적인 환경이 가장 중요한 요인이 아닐까 싶구나. 즉 남녀는 기업 광고에 나오는 미의 상징에 끌릴 수도 있지만, 좀 더 나은 자손을 낳기 위해 자신의 유전적인 약점을 보완해줄 수 있는 사람에게 끌리기 쉽거든. 이게 유전적 요인이야. 마른 사람은 좀 통통한 사람을 찾게 되고, 키가 작은 사람은 키가 큰 사람을 찾는 것처럼 말이야. 참 흥미로운 현상 아니니?

그 밖에도 개인이 자라난 사회·문화적인 환경에 영향을 받는데, 예를 들어 자신의 부모님과 닮은 사람에게 친근함을 느낀다든지, 자신과 취미나 라이프 스타일이 비슷한 사람에게 친근함을 느낀다든지 하는 식이지.

미의 주관적인 기준에 관한 이론은 중요하지 않아. 아름다움이란 한마디로 '제 눈에 안경'이거든. 아름다움이란 매우 주관적 영역이라 사람마다 다르게 느낄 수밖에 없어. 우리가 영화배우나 모델을 아름답다고 여기는 것은 대부분 상업적으로 그렇게 세뇌당했기 때문이라는 거야.

그럼 저도 어떤 사람에게는 매우 매력적으로 보일 수 있다는 말인가요?

물론이지. 실제로 어떤 남성들은 뚱뚱한 여성을 특히 좋아한다고 하잖아. 예를 들어 100kg 이상의 정말 뚱뚱한 여자만 좋아하는 남자들이 있단 말이야. 그들 눈에는 마른 사람보다는 몸집이 있는 사람이 더 아름다워 보인다는 얘기지. 이제 '제 눈에 안경'이라는 말의 뜻을 이해할 수 있니? 그러니까 너도 코가 납작하다고 열등감을 느끼지 않아도 돼. 너는 납작한 코보다 오뚝한 코가 아름답다고 생각하지만, 반대로 납작한 코를 아름답다고 느끼는 사람도 분명 있을 테니까 말이야.

과연 그럴까요? 그런데도 저는 여전히 제 납작한 코가 신경 쓰여요.

열등의식이 없는 사람은 없어, 다만 극복한 사람이 있을 뿐이야

 음, 혹시 『인간의 굴레』라는 책 읽어봤니?

 아뇨. 처음 듣는 제목인데요. 소설인가요?

 그래. 프랑스 소설가 서머싯 몸이 쓴 소설이야. 거기에 나오는 주인공 필립은 의과대학 학생이었는데, 태어날 때부터 발이 기형이었어. 필립은 그것이 부끄러워 늘 열등감에 사로잡혔지. 그래서 보통 사람들과 마음을 터놓고 사귀지를 못했어. 물론 누군가를 진심으로 사랑하지도 못했지. 그 대신 몸을 파는 여인을 쫓아다녔어. 그리고 어느 날 그 여인에게 사랑을 고백했어. 그러자 거리의 여인은 이렇게 말했지.

"나는 당신을 사랑할 수 없어요. 자기 자신도 사랑하지 못하는 사람을 내가 어떻게 사랑하겠어요?"

인간은 필립처럼 누구나 기형적인 발 하나씩은 가지고 있단다.

열등의식이 없는 사람은 없다는 거야. 그런 면에서 열등의식을 어떻게 극복할 것인가는 우리 모두에게 과제인 셈이야. 조금 어려운 이야기겠지만, 결국 우리의 불행은 '비교'에서 온다. 내가 가진 것을 남과 비교하는 데서 불행이 시작되는 거야. 아무리 많은 걸 가진 사람이라 해도 어느 한 면에서는 남보다 적게 가질 수밖에 없는 게 인간이잖아.

그런데 그걸 비교하면 불평이 저절로 나오게 되지. 그래서 불행해지고. 내가 가진 것에 만족하고, 있는 그대로의 나를 받아들이고 사랑해야 성숙해질 수 있어. 즉 그래야 '필립의 기형적인 발'에 대한 열등의식에서 벗어날 수 있지. 『인간의 굴레』에서 필립은 나중에 의사가 되어 시골에서 일을 하는데, 거기서는 자신의 발을 더 이상 부끄러워하지 않고 수영을 즐겨. 그리고 마음씨 착한 여인을 만나 결혼도 하고 행복한 삶을 산단다. 이처럼 외모 콤플렉스를 극복하고 있는 그대로 자신을 받아들여야 누군가의 사랑을 받고 또 누군가를 사랑할 수 있어. 열등감에 사로잡히면 자신을 받아들이지 못할 뿐 아니라 사랑을 하지도, 받지도 못해서 결국 불행 속에서 헤어날 수 없단다.

그러니 너도 납작한 네 코를 한번 긍정적으로 생각해보렴. 그러다 보면 납작하게 생긴 네 코를 멋있다고 생각하게 될 날도 반드시 올 거야.

✦✦ 오늘의 대화 생각해보기 ✦✦

나의 외모에서 마음에 안 드는 부분이 있다면 어디인가? 왜 그런 생각이 들었을까? 모델처럼 잘생기고 예쁘지 않더라도 매력적인 사람을 우리 주변에서도 쉽게 찾을 수 있다. 나의 매력을 발견해 스스로를 사랑하는 연습을 해보자.

∨ 미의 기준은 상업적인 이유로 조장되기도 한다.

∨ 보편적인 미의 기준이 있다 하더라도, 아름다움의 기준은 대체로 주관적이다.

∨ 열등의식이 없는 사람은 없다. 다만 이를 극복해낸 사람만이 행복할 수 있다.

∨ 열등감에서 벗어나 스스로를 사랑해야 다른 사람도 사랑할 수 있고 사랑받을 수도 있다.

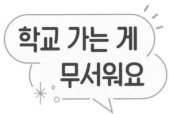

학교에는 크고 작은 폭력들이 존재한다. 이 폭력들은 대부분 성적과 입시 스트레스로 인한 화풀이의 결과물이다. 그런데 이것에 대한 근원적인 해결책이 보이지 않는다. 결국 학교폭력을 당하지 않기 위해 어떤 노력을 해야 하는지, 폭력을 당했을 때 어떻게 대처해야 하는지는 학생 개인과 그 부모가 감당해야 하는 과제가 되고 말았다. 슬픈 이야기지만 이게 현실이다.

학교에 오는 것 자체를 두려워하는 친구도 있어요. 학교에서 일어나는 크고 작은 폭력이나 괴롭힘 때문에요. 저는 아직 그런 경험을 한 적이 없지만 주변에 그런 일로 고통받는 친구들이 있어요. 도와주고 싶은 마음은 굴뚝같은데 어떻게 해야 할지 잘 모르겠어요.

그래. 쉽게 나서기 어려운 문제긴 하지. 일단 가벼운 형태의 폭력이나 괴롭힘에 대해 먼저 이야기해볼까? 심각하지 않은 수준이라면 조금은 수월하게 해결할 수도 있을 테니까 말이야. 어떤 일이 있었니? 어떤 점에서 고민이 됐어?

장난이나 가벼운 폭력이라면

저희 반에 덩치 큰 아이가 있는데, 그 아이가 앞에 앉은 다른 아이를 괴롭히고 있어요. 어깨를 툭툭 치거나 머리를 장난치듯 만지거나 하는 정돈데, 문제는 그게 한두 번이 아니고 계속 그러니까 당하는 아이로서는 상당히 괴로운 거죠. 그렇다고 심하게 때리는 것도 아니고 장난으로 보일 법한 행동이라서 선생님이나 부모님께 이야기하기도 뭣하고요. 그렇다고 그대로 가만히 있기에는 제가 봐도 상당히 성가시고 짜증 날 것 같더라고요.

그래. 그렇게 툭툭 건드리는 게 참 기분 나쁘지. 어깨를 툭툭 치는 건 심한 폭력은 아니지만, 반복되면 괴롭힘으로 간주할 수 있을 것 같아. 그러니까 애매하다고 그냥 넘어가지 말고 그 심각성을 교사에게 알리는 게 좋겠구나. 비록 장난처럼 보여도 그 행위가 반복적으로 일어나면 피해자는 자존감에 타격을 받고 수업에 집중할 수 없을뿐더러 우울한 상태에 빠지는 등 그 고통이 상당하니까 말이야.

만약 선생님들이 이야기를 듣고도 별것 아닌 장난 가지고 뭘 그렇게 심각하게 구냐고 하면 어떻게 하죠?

그게 걱정이었구나! 만약 담임 선생님이 적극적으로 도와 줄 수 없는 분이라면 학생 담당 교사에게 도움을 청해야겠지. 교사 중에 누구라도 따끔하게 가해자 학생을 꾸짖으면 그 학생은 괴롭힘을 멈출 거야. 그런 아이들은 원래 폭력적인 성향이라기보다 좀 장난이 심한 경우라서, 누군가 심하게 꾸짖거나 따끔하게 이야기하면 그만하게 돼 있거든. 음, 만약 학생 담당 교사에게도 도움을 청하기 어렵다면 다른 방법도 있긴 하지.

 그게 뭔데요?

 믿음직한 학교 선배나 아니면 그 덩치 큰 아이가 두려워할 만한 친구를 찾아가서 도움을 청하는 거야. 사실 교사보다 어쩌면 선배나 힘센 친구에게 말하는 게 더 효과적일 수도 있어. 네 또래 아이들은 그 사람들이 더 무서운 법이라 말을 잘 들을 거야.

 아, 그렇게 해볼 수도 있겠네요.

 그래. 가벼운 괴롭힘이라면 교사, 선배, 친구의 도움을 받아서 비교적 쉽게 해결할 수 있어. 그러니까 혼자서 끙끙 고민하거나 너무 상처받을 이유가 없지.

그럼 물리적인 형태가 아닌 괴롭힘은 어떻게 하나요? 예를 들어 대화를 나눌 때 의도적으로 소외시키는 것처럼 말이에요. 또 험담과 거짓 소문을 퍼트리거나 친구의 웃긴 사진이나 동영상을 인터넷에 올리거나 하면요? 요즘에는 이렇게 인터넷상에서 이루어지는 폭력도 너무 많아요.

맞아. 이런 교묘한 방식이 많아져서 걱정이란다. 이런 괴롭힘이 정신적으로 더 심각한 피해를 야기하거든. 만약 심각한 수준이 아니라면 가장 좋은 대처 방안은 '아무것도 일어나지 않은 것처럼' 행동하는 거야. 그러면 괴롭히는 친구도 재미가 없어져 몇 번 더 시도해보다가 그만두게 되어 있거든. 사이버 폭력은 내가 잘은 모르는 분야라 자세하게 조언을 해주기는 어렵지만, 원칙적으로는 같아. 사소한 수준이라면 무반응이 최선의 대처 방안이야. 험담이나 소문은 며칠만 지나면 더 이상 관심사가 되지 않을뿐더러 피해자가 별다른 반응을 보이지 않으면 자연스레 사그라들거든. 격렬한 반응을 보이면 가해자들은 오히려 재미있어하면서 계속해서 점점 더 심한 방식으로 괴롭히기 마련이야.

거짓 소문이나 가벼운 장난이 아니라 피해자의 명예를 완전히 실추시키는 내용을 퍼트리거나 포토샵으로 조작한 사진이나 동영상을 올려서 수치심을 느끼게 한다면 어떨까요? 그럴 때도 가만히 있어야 할까요?

그건 아니지. 그건 더 이상 가벼운 형태의 폭력이 아니라 범죄행위에 속하는 심각한 폭력이라고 봐야 해. 그런 심각한 폭력 행위에는 반드시 법적 대응이 필요해. 학교에도 이야기하고, 경찰 사이버범죄수사과에 신고하는 식으로 강력하게 대처해야지.

(서머힐 스쿨의 폭력 대처법)

네. 명심할게요. 그럼 그보다 심각한 형태의 폭력일 때는 어떻게 해야 할까요. 제가 보고 들은 것만 해도 세 가지나 돼요. 첫 번째는 한 사람이 폭력을 휘두른 사례고, 다른 두 가지는 집단폭력 문제예요.

첫 번째 경우부터 이야기해볼게요. 저희 반 한 학생이 다른 친구들을 때리고 있어요. 주로 점심시간에 으슥한 곳으로 불러내서 때린다고 해요. 최근에는 제 친한 친구도 맞았어요. 맞은 그 애는 우리 반 반장이기도 해요. 오후에 보니 얼굴이 엄청 안 좋아 보여서 계속 물었더니 털어놓더라고요. 그런데 때린 아이는 평소에 거의 말도 없이 조용히 앉아만 있는 타입이라서 그렇게 폭력적인 성향인 줄은 전혀 몰랐어요.

한 개인이 다른 아이에게 폭력을 사용하는 경우는 집단 폭력에 비해 조금 쉽게 해결할 수도 있단다. 영국에 '서머힐'이라는 학교가 있는데 거기서 주로 사용한 방식을 소개해볼게. 그 학교에서는 폭력을 행한 아이가 전체 아이들 앞에서 왜 무슨 이유로 폭력을 행사했는지 해명할 기회를 줬어. 아무리 간이 큰 아이라 해도 많은 사람들 앞에 서서 자신의 그릇된 행위에 관해 이야기하게 되면 무척 부담을 느낀다는 거야.

그러고 보니 내가 직접 겪었던 경험이 생각나는구나. 고등학교 때였는데, 우리 반에도 친구들을 때리는 아이가 있었어. 그 애도 점심시간에 애들을 불러내서 때렸지. 그런데 이 사실을 알게 된 어떤 용감한 친구가 비상학급회의를 소집한 거야. 모든 학생이 참여하도록 교실 앞문과 뒷문을 여러 명이 지킨 상태에서 회의를 진행시켰지. 그 친구는 가해자 아이를 교단 앞으로 불러냈어. 거의 60명 앞에 말이야. 그리고 엄중하게 경고했지.

"깡패도 자기 친구는 때리지 않는데, 같은 반 친구를 돌아가면서 때리다니 너는 정말 한심한 애야. 만일 한 번만 더 이런 일이 일어나면 우리 반 60명이 똘똘 뭉쳐서 널 가만두지 않을 거야."

그때 분위기는 정말 대단했어. 그날 이후로 가해자 아이는 그 누구도 때리지 않았고 정말 조용하게 학교를 다녔던 것으로 기억해.

혼자서 폭력을 저질렀다면 회의를 소집하고 가해자 학생이 전체 학생 앞에서 폭력 행위를 설명하도록 한다는 거네요. 그리고 학생들이 다 같이 지켜보는 게 핵심이고요. 교사가 회의에 함께 참여하는 건 어떨까요?

교사가 참여하면 훨씬 더 좋지. 서머힐에서는 일주일에 한 번 교사와 학생이 모두 모여 그런 자리를 갖는다고 해. 아무래도 교사까지 참여하면 더 부담을 느끼겠지.

증거가 없는 따돌림에는 어떻게 대처해야 할까요?

그렇겠죠? 친구들과 의논해봐야겠어요. 그럼 두 번째, 집단폭력에 대해 이야기해볼게요. 저희 학교에 집단 따돌림을 당하는 여학생이 있어요. 그 친구는 공부도 잘하고 생활도 모범적이에요. 이름을 말하기는 좀 그러니까 '친구 C'라고 부를게요. 그런데 한 여학생 무리가 지속적으로 괴롭히는 모양이더라고요. 문제는 이를 직접 본 사람이 없다는 거예요. 저도 친구 C가 울면서 얘기해줘서 알게 됐어요. 너무 힘들어서 밥을 먹을 수도 잠을 잘 수도 없고, 죽을 것만 같다더라고요. 들어보니 상황이 너무 심각했어요.

어떻게 괴롭힘을 당하는지 좀 자세하게 이야기해줄래?

 친구 C를 유독 미워하는 한 학생이 있는데, 슬프게도 그 여학생이 여학생들 사이에서 소위 '일진'이에요. 그 애를 늘 따라 다니는 여학생이 최소 대여섯 명은 돼요. 학교에서는 그 애들이 최고 권력자라 할 수 있죠. 쉬는 시간이나 점심시간, 심지어 수업시간에도 그 애들이 움직이면 다른 애들은 눈치를 보게 돼요. 걔들한 테 잘못 찍히면 인생 좆나니까요.

 아이고, 그 정도로 무서운 존재들이구나.

 네. 아이들을 쥐락펴락하죠. 그런데 걔들이 복도나 조금 구석진 곳에서 C를 마주치면 눈을 흘기면서 차마 입에 담기도 어려운 욕설과 온갖 인신공격을 퍼붓는 거예요. 심지어 하는 짓이 정말 교묘해서 당사자 외에는 잘 몰라요. 그런 일이 매일 일어난다고 해봐요. 누가 기분이 좋겠어요. 거의 정신이 나가는 거죠. 공부도 안 되고, 잠도 안 오고, 불안하고 두렵고 입맛도 떨어지고, 그렇게 서서히 죽어가는 거나 다름없어지는 거죠.

 그래서 선생님이나 부모님께 이야기는 했다니?

한참이나 참다가 결국 부모님께 이야기했고, 부모님이 학교에 와서 담임 선생님께 이야기했죠. 담임 선생님은 교사회에서 이야기했고, 학생 담당 교사가 그 괴롭힌 아이들을 불러다가 이야기했고요. 그런데 아시잖아요. 그런 절차가 다 무슨 소용이에요. 증거가 없으니, 괴롭힌 애들은 딱 잡아떼고 C는 다른 애들 앞에서 거짓말쟁이가 되고 말았어요. 게다가 이후 상황이 더욱 심각해졌어요. 괴롭힘이 더 교묘하고 악랄해졌거든요.

그래. 어떤 상황인지 충분히 이해가 된다. 정말 어려운 처지에 놓였네. 내가 아는 한 교사가 그런 상황에 놓인 학생을 도와준 적이 있어. 쉬운 일은 아니었지만 그 교사는 아이들과 일일이 대화해서 결국엔 증거를 찾아냈단다. 한 학생이 괴롭히는 현장을 목격했고 그에 대해 증언을 해주었거든. 결국 리더 격인 학생은 다른 학교로 전학을 갔고, 주동자가 사라지자 괴롭힘을 일삼던 집단도 자연스레 해체됐어. 친구 C와 상의해서 이 선생님처럼 끝까지 책임지고 도와줄 교사를 한번 찾아보는 게 좋겠구나. 그런 헌신적인 교사가 없으면 이 상황을 돌파하기란 쉽지 않을 테니까. 그런데 아무리 찾아봐도 그런 선생님이 없다면 일단 학교를 당분간 쉬어보는 건 어떨까? 밥도 못 먹고 잠도 못 잘 정도의 고통이라면, 우선은 피하고 봐야지. 무조건 참고 다니다가 더 큰일을 겪을 수도 있으니까 말이야.

네? 학교를 쉬라고요? 그 애는 아무 잘못도 없는데 왜 그 아이가 고통을 고스란히 감당해야 하죠? 그게 공정하다고 할 수 있나요? 뭔가 크게 잘못된 것 같은데요.

그래. 네 말이 옳아. 내가 생각해도 피해자에게 그 자리를 피하고 보라는 해결책이 온당한 것 같지는 않아. 하지만 이에 대해서는 조금 있다가 더 자세히 이야기하기로 하고, 먼저 다른 폭력 사례를 더 들어보자꾸나.

때로는 피하는 게 가장 현명한 방법이야

음, 그렇다면 다른 이야기 먼저 해볼게요. 이번에도 집단 폭력인데, 저희 학교의 한 남학생 이야기예요. 그 친구는 조용하고 착한 편이고, 그 부모님도 좋은 분들인 것 같아요. 그 친구를 '친구 B'라고 부를게요. 친구 B가 하교하다가 세 명의 남자아이들에게 불려가서 신발을 뺏기고 돈도 빼앗겼어요. 새로 산 신발을 뺏기지 않으려다가 아주 심한 정도는 아니지만 몇 대 맞기도 했고요.

그 친구도 부모님이나 선생님에게 알렸니?

아뇨. B는 아무에게도 얘기하고 싶어하지 않아요. 굉장히 수치스러운가 봐요. 제게도 아무 내색하지 않았는데, 제가 가장 가까운 친구라 뭔가 문제가 있다는 걸 금방 알아챈 거죠. 아침에 본 나이키 신발이 사라졌고, 얼굴에 약간의 멍이 있고……. 그러니 모르려야 모를 수가 없었던 거죠. 계속 캐물으니까 처음에는 아무 일도 아니라고 하다가 나중에는 남들한테 절대 말하지 말라면서 털어놓더라고요.

그래. 남자애들은 얻어맞거나 물건을 빼앗기면 수치심을 심하게 느끼는 법이지. 그래서 남에게 알리고 싶지 않은 거야. 나쁜 놈들을 멋있게 해치울 수 있었더라면 좋았을 텐데, 그렇게 하지 못한 게 억울하고 자신의 나약함이 부끄럽고 그런 자신이 밉기도 한 거지.

영화에서처럼 주인공이 악당들을 멋지게 물리치거나, 슈퍼 히어로가 나타나서 구해주면 얼마나 좋을까요.

다들 그런 걸 꿈꾸지. 하지만 진짜 세상에서 그런 일은 거의 일어나지 않는단다. 영화에서처럼 지나가던 슈퍼 히어로가 절체절명의 위기에 나타나 구해주지도 않고, 갑자기 나쁜 놈들을 호되게 혼내줄 기가 막힌 능력이 생기지도 않지. 이런 악당들에 맞서서 싸우려다가 큰 비극을 맞을 수 있으니까 그런 모험을 해서는 절대 안 된단다. 여러 명이 돈이나 물건을 요구하면 아깝게 생각하지 말고 줘버리고 빨리 그 현장에서 벗어나는 게 현명해. 돈이나 물건보다 몸과 생명이 훨씬 더 중요하니까. 뉴욕처럼 외국 대도시에 사는 사람 중에는 뒷주머니에 20달러를 아예 넣고 다니는 사람도 있단다. 강도를 만나면 빨리 줘버리고 벗어나려고 말이지.

그런데 한 번은 그렇다 쳐도 그 애들이 계속해서 돈과 물건을 빼앗으면 어쩌죠?

그래. 그럴 수도 있지. 아무래도 그런 상황이 반복적으로 계속 일어나면 그냥 넘어가기는 어려울 거야. 그럴 때는 그 폭력집단의 성격을 잘 판단해야 해. 그냥 친구 몇 명이 몰려다니면서 돈을 빼앗는다면 교사나 부모를 통해 경찰에 연락을 취하는 게 좋아. 그런 아이들은 경찰서에 데려가서 한번 따끔하게 겁을 주면 정신을 차리기도 하거든. 하지만 혹시라도 조직폭력 같은 범죄조직에 연루되었을 정도로 그 집단의 폭력성과 범죄성이 심각하다면 해결이 그렇게 쉽지 않아. 그런 경우는 보통 경찰도 곧바로 제대로 해결하기 어렵고 보복만 당할 수 있거든. 그래서 그런 폭력집단은 될 수 있으면 모든 노력을 동원해서 최대한 피하는 게 상책이야. 그랬는데도 어쩔 수 없이 마주친다면 돈과 물건을 주고 그 상황을 모면하는 게 최선일 수 있어.

 하, 피하는 게 상책이라니 참으로 씁쓸하네요.

그래. 어처구니없고 화가 날 법도 해. 하지만 폭력에 관해서는, 현실을 제대로 이해할 필요가 있어. 그러지 않으면 정말 비극을 맞을 수도 있기 때문이야. 진실을 이야기하자면, 세상에는 온갖 종류의 폭력과 괴롭힘이 있고 그게 공정하게 처리되지 않는 경우도 많아. 그런 일을 당하지 않기를 기도해야겠지만, 네 친구들에게 일어난 일이 너에게도 얼마든지 일어날 수 있어.

폭력은 언제든 나에게도 일어날 수 있다, 그것이 인생이니 받아들여야 한다는 건가요?

물론 폭력적 행위를 지지하거나 찬성하는 건 결코 아니야. 하지만 우리가 사는 세상에 폭력이 늘 존재한다는 것을 알고 있어야 하고 그에 대비해야 한다는 말이지. 아직 인류가 충분히 발전하지 못한 탓에, 개중에는 좀 더 폭력적인 성향의 사람이 있어. 그러다가 계기를 만나면 그게 외부로 표출되는 거지. 흔히 스트레스로 인해 폭력성을 드러내기도 하는데 학교폭력 대부분이 여기에 해당해.

사는 동안 늘 폭력에 노출될 수 있고 또 언제든 직접적으로 폭력을 당할 수 있다면 어떤 준비를 해야 할까요? 폭력에 어떻게 대비해야 하는 거죠?

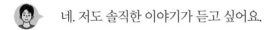

폭력을 대하는 4가지 철칙

우리 세대는 사실상 많은 폭력을 겪으면서 살아왔단다. 그래서 고상하고 추상적인 이야기보다는 그런 체험을 통해 배운 교훈을 솔직하게 이야기해주는 게 나을 것 같아.

네. 저도 솔직한 이야기가 듣고 싶어요.

폭력을 당할 때는 철칙이 있어. 첫째, 아까도 이야기했지만 심한 고통은 일단 피하는 것이 상책이니 돈이나 물건으로 해결할 수 있다면 아껴서는 안 돼. 돈이나 물건을 요구한다면 주저하지 말고 내주는 게 최선이야. 그보다는 우리 몸이나 생명이 훨씬 중요하니까.

그럼 다음 수칙은 뭔가요?

두 번째 수칙은 겁에 질리지 않고 정신을 바짝 차려야 한다는 거야. 물론 두려울 수밖에 없겠지만 그래도 패닉에 빠져서는 안 돼. 더 큰 고통을 받을 수도 있거든. 겁도 나고 화도 나겠지만, 일단은 정신을 차리고 심호흡을 하는 게 중요해. 겁에 질려서 잘못 움직였다가 심하게 다치는 경우도 봤거든. 물론 어렵겠지만 의연한 마음을 가지면 피할 수 없는 그 상황에서도 도움이 되기는 해.

심호흡을 하고 자세를 제대로 갖추면 똑같이 맞아도 신체적 피해를 줄일 수 있다는 말이군요. 다른 수칙은 없나요?

있지. 세 번째는 폭력을 당한 뒤에는 다음 폭력을 방지하기 위해 모든 방법을 동원해야 한다는 거야. 우선 신뢰할 만한 어른에게 적극적으로 알려야 해. 그것이 부모님일 수도 있고, 학교 선생님일 수도 있지. 혹은 학교폭력예방재단 등에 적극적으로 알리는 것도 방법이야. 부모님을 실망시킬까 봐 말하기 어렵고, 학교 선생님이 해결해주지 못하리란 생각에 망설여지는 마음 충분히 이해해. 하지만 침묵하고 넘어가면 한번 시작된 폭력의 굴레는 절대 끊어지지 않아.

그런 뒤 앞서 말한 여학생들의 집단 괴롭힘 같은 경우에는 어떤 최선의 조치가 취해지기 전까지 등교를 보류하는 게 좋을 것 같아. 아무런 대책 없이 고통을 지속적으로 당하다가 신경쇠약이나 정신이상 등 심각한 결과를 맞을 수도 있으니 말이야. 흔히 어른들은 '어떤 일이 있더라도 학교는 가야지', '학교와 교사가 모든 문제를 해결해줄 테니까 걱정하지 마'라는 식으로 조언하는데 그리 현명한 방법은 아닌 것 같아. 내가 감당하지 못할 만큼의 폭력이나 괴롭힘이 예상된다면 먼저 피하는 게 최선이야. 남학생의 집단폭력 사례에서는 집에 돌아갈 때 친구 여러 명과 함께 가거나 택시를 타거나 하는 식으로 안전을 최우선으로 고려해서 모든 방법을 동원하는 게 좋겠어. 더 이상의 폭력은 방지해야지.

 매일 그렇게 하려면 돈이 많이 들 텐데요.

그래도 폭력과 그로 인한 후유증으로 치료를 받는 것보다는 돈을 좀 쓰는 편이 낫고 오히려 더 경제적일 수도 있단다.

또 다른 수칙은 없나요?

가장 중요한 것이 하나 남았어. 바로 치유의 과정이야. 폭력을 경험한 후에는 반드시 치유의 과정을 거쳐야 해. 일차적으로는 폭력 그 자체로부터 벗어나는 것이 중요하지만, 그다음에는 폭력으로 인한 상처를 제대로 치유하는 것도 매우 중요해. 치유 없이 그냥 넘어가면, 정서적·사회적·인지적 능력을 상당히 상실할 수 있고, 방치하면 평생 고통과 불행으로 남을 수 있거든. 최근의 한 연구에 따르면, 어린 시절의 신체적 폭력으로 인한 트라우마는 뇌에 영향을 미쳐서 불안, 분노, 집중력 감퇴 등을 일으킬 수 있고, 기억력, 신뢰감, 인간관계 등에도 문제가 생길 수 있다고 해.

 폭력만이 아니라 폭력으로 인한 트라우마도 엄청나네요. 그런데 치유는 어떻게 할 수 있나요?

(나의 상처를 이해하고 적극적으로 치료해야 해)

최소한 두 가지 과제를 실행해야 해. 하나는 폭력으로 인해 자신에게 생긴 상처를 이해하는 거야. 즉 내가 겪은 일 때문에 어떤 부정적인 감정이 생겼는지, 그리고 그 감정의 변화로 인해 행동에 어떤 변화가 생겼는지 이해하고 깨달아야 한다는 거지. 폭력을 당하면 흔히 수치심과 자책, 그리고 분노 등의 감정이 생겨나. 이로 인해 사람을 기피하는 한편 가족과 같은 주변 사람에게 자주 화를 내거나 소리를 지르는 등 행동 변화를 겪게 돼. 이런 자신의 감정과 행동의 변화를 제대로 인지하는 것이 치료의 첫 번째 과제야.

그런 다음에 이런 부정적인 감정을 없애거나 긍정적인 방식으로 승화하기 위해 노력해야 한단다. 그게 두 번째 과제야. 폭력에 관해 자료를 찾아보며 학습할 수도 있고, 요가나 명상 혹은 예술치료를 받을 수도 있어.

그런데 대개 폭력의 피해자들은 마치 아무 일도 없었던 것처럼 아무에게도 이야기하지 않고 피해 사실을 비밀로 덮어두고 싶어하잖아요. 그래서는 치유의 과제를 수행할 수 없지 않을까요?

맞아. 그게 치유의 가장 큰 장애물이야. 수치심 때문에 피해 사실을 덮어두면 어두운 과거에 사로잡혀서 벗어날 수가 없게 돼. 그렇기 때문에 그 일은 자기 잘못이 아니라는 것, 그래서 수치심을 갖거나 자책할 필요가 없다는 것을 받아들이는 것이 무엇보다도 중요하지. 이건 평소에 그런 교육이 필요한 이유이기도 해.

성폭력의 경우는 특히 이런 부분에 더 신경을 써야 해. 비공식적인 통계에 따르면 평생에 걸쳐 세 명 중 한 명은 성폭력을 당한다는데, 많은 성폭력 피해자들이 수치심과 자책감 때문에 비밀로 덮어두고 아무 일도 없었던 것처럼 살아간다고 봐야겠지. 문제는 그로 인해 어두운 과거에 사로잡히고 현재를 행복하게 살아갈 수 없다는 거야. 정말 심각한 문제지. 분명한 건 성폭력은 피해자의 잘못이 결코 아니고, 여성에 대한 존중심이 없는 가해자의 잘못이라는 거야. 그다음으로는 사회의 잘못된 문화 탓인 거고.

조금 더 자세히 알고 싶어요. 어떻게 내 상처를 이해할 수 있을까요?

가장 좋은 방법은 상담 전문가나 정신과 의사와 만나는 거야. 그분들은 적절한 질문과 대화를 통해 피해자가 겪고 있는 부정적인 감정, 그리고 그 감정으로 인해 행동에 어떤 변화가 생겼는지 깨닫게 해주거든. 사실, 문제를 정확하게 알기만 하면 문제해결은 쉬운 법이란다. 만약 전문가를 만나기가 너무 부담스럽다면 가장 신뢰할 만한 친구나 부모와 이야기하는 것도 방법이야. 피해자는 흔히 수치심, 자책감, 분노, 두려움 등의 부정적 감정을 갖는데, 이런 감정이 자신의 내면에서 소용돌이치고 있다는 것을 깨닫지 못하거나, 알기는 하지만 분명하게 인식하지 못하거나, 때로는 알면서도 부정하는 사람이 의외로 많단다.

자신의 감정을 받아들이기가 쉽지 않다는 거죠? 그런데 생각해보면 저는 어린 시절부터 종종 감정을 부정하면서 살았던 것 같아요. 동생이나 친구에게 질투가 나는데도, 부모님이 물어보시면 늘 그렇지 않은 것처럼 대답을 했거든요.

그래. 자신의 감정을 솔직하게 받아들인다는 게 생각만큼 쉽지는 않지. 자기 감정을 있는 그대로 인정하고 받아들이는 게 행복으로 가는 첫걸음인데도, 많은 사람들이 그러지를 못해서 길고 긴 어둠의 터널을 걷는단다. 우리는 자신의 감정에 솔직해지는 법을 조금 더 배워야 할 것 같아.

네. 저도 친구들이 자기 감정을 이해하고, 치유할 수 있도록 도와야겠어요. 또 제 감정도 어떤 상태인지 잘 살펴야겠다는 생각이 들어요.

++ 오늘의 대화 생각해보기 ++

따돌림이나 괴롭힘을 당하면 수치심과 두려움 때문에 이를 숨기며 그저 견디는 아이들이 많다. 하지만 가만히 있으면 해결되는 것은 아무것도 없다. 우리는 언제든지 살아가면서 폭력에 노출될 수 있다. 따라서 어떻게 문제를 해결하고 피해를 극복하면 좋을지 미리 알고 있어야 한다.

∨ 육체적·정신적 폭력을 당했을 때 절대 나 자신을 탓해서는 안된다. 내게는 아무런 잘못이 없다.

∨ 불가피하게 폭력을 당했다면 그 즉시 주변에 알려야 한다. 적극적으로 피해를 줄이기 위해 노력해야 한다.

∨ 괴롭힘 때문에 학교에 가기 싫다면 가지 않는 것도 좋은 방법이다. 그 무엇보다 중요한 건 나 자신이다.

∨ 폭력으로 인한 트라우마는 학습, 인간관계 등 지속적인 문제를 일으킬 수 있다. 없는 일처럼 덮으려고 하기보다 치유해야 한다.

∨ 치유의 시작은 자신의 감정을 있는 그대로 인정하고 받아들이는 것이다.

혼자가 편하지만 외로워요

쇼핑도, 문화생활도, 인간관계도 모두 온라인에서 가능하다. 뭐 하나 부족한 게 없어 보인다. 그러나 온라인 세상에서 살아가는 우리의 내면은 한없이 고독하다. 인간은 인간과의 직접적인 만남, 사랑하고 사랑받는 교류 없이는 행복할 수 없도록 되어 있기 때문이다.

요즘은 친구 문제로 고민이 많아요. 초등학교 때부터 친했던 친구들이 있는데, 어쩐지 그 아이들과의 관계가 예전 같지가 않아요. 딱히 다투거나 싸운 것도 아닌데 점점 더 멀어진다고 해야 하나…….

그래? 친구들 이야기를 하기 전에, 한 가지만 물어볼게. 너는 부모님과 가깝게 지내는 편이니? 대화도 자주 하고?

그럼요. 저희 부모님은 언제나 제게 최고시죠. 늘 저를 지지하고 사랑해주세요. 다른 부모님들과는 달리 성적이나 대학진학 문제로 저를 괴롭히지도 않으세요. 인성을 가장 중요하게 여기셔서 공부보다 인간관계가 더 중요하다고 말씀하시고요.

넌 정말 행운아구나. 친구 관계에 대해 말했는데, 부모님 이야기를 꺼내서 조금 의아했을 텐데 그것에 대해서는 조금 나중에 이야기하고, 이제 네 친구들 이야기를 해볼까? 어떤 변화가 생긴 거야?

음, 사실 딱 꼬집어서 문제라고 할 만한 것은 없어요. 그런데 친구들하고 지내는 게 확실히 예전과는 달라요. 초등학교 때는 방과 후에 놀이터에 가서 함께 놀기도 하고 우리 집 아니면 친구네 집에 가서 간식도 함께 먹고 장난도 치고 정말 재미있게 놀았는데, 지금은 그렇지가 않거든요. 가끔 만나긴 하는데, 함께 놀지는 않아요.

그것참, 이상한 얘기구나. 만나긴 하는데 같이 노는 건 아니다? 그게 무슨 말이니?

학원이 끝나고 나면 배가 고파요. 그럴 때는 종종 친구들하고 만나서 가볍게 먹으러 가요. 주말에도 가끔 만나고요. 물론 서로 농담을 나누기도 하는데 대체로 가벼운 이야기만 잠시 나누고는, 각자 음식을 주문한 뒤 자기 핸드폰만 보면서 시간을 보내요. 그러니까 함께 있긴 하지만, 사실 따로 노는 거죠.

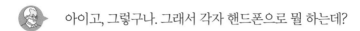 아이고, 그렇구나. 그래서 각자 핸드폰으로 뭘 하는데?

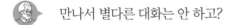 이것저것요. 다들 게임을 많이 하는 편이고, 유튜브나 틱톡으로 여러 가지 재미있는 것도 보고, 영화나 드라마도 보고, 음악도 듣고, 온라인 쇼핑도 하고, 페이스북이나 인스타그램에 사진도 올리고, 혼자 방에 있을 때 하는 걸 만나서도 하는 거죠.

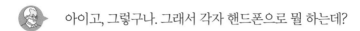 만나서 별다른 대화는 안 하고?

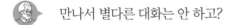 하긴 하죠. 주로 성적이나 입시 스트레스에 대해 이야기하는 편이에요. 성적 때문에 엄마와 싸운 이야기도 하고요. 대체로 불평이라고 해야겠죠. 분명 이대로는 문제가 있는 것 같고 뭔가 진짜 대화다운 대화가 필요하다고 생각하긴 하는데, 뭘 어떻게 시작해야 할지 모르겠어요. 예전에는 가끔 싸우기도 했지만 정말 재미있게 놀았는데, 지금은 만나도 함께한다는 느낌이 들지 않고 혼자인 것 같거든요. 제가 좀 예민하게 생각하는 걸까요?

 아니야. 지금 문제를 예민하게 알아차렸다는 것만으로도

칭찬받을 만해. 사실 요즘 너희들은 인간관계를 배우고 끈끈한 관계 맺기가 아주 어려운 과제가 되고 말았어. 환경이 달라졌으니까. 옛날에는 무조건 놀자고 하면 만나야 했지만, 지금은 온라인상에서도 얼마든지 교류가 가능해졌잖니.

게다가 예전 우리 세대는 각 가정에 최소한 두 명 이상의 형제자매가 있어서 서로 늘 부대끼고 싸우고 화해하고 협상하고 조정하면서 함께 살아가는 법을 배웠지. 하지만 지금은 대부분 자녀가 한 명뿐이라 그럴 기회가 사라졌어. 그뿐 아니라 과거에는 방과 후 친구들과 함께 놀기도 하고 싸우기도 하면서 인간관계를 자연스럽게 배웠는데 지금은 그 기회마저 거의 사라지고 있어. 방과 후에는 모두 학원에 가야 하니까. 너희 세대는 관계를 맺고 소통할 기회가 매우 적지.

그게 그렇게나 중요한 건가요? 친구들과 직접 만나 놀면서 종종 싸우기도 하고 싸운 후에 화해도 하고, 이런 시간이 인생에서 중요한가요?

서로 부대끼면서 갈등을 겪고 해결하는 게 중요해

그래. 무척 중요하지. 세상이 아무리 변해도 사람은 누군가를 사랑하고 사랑받지 않으면 행복할 수가 없는 법이거든. 그런데 '사랑은 눈물의 씨앗'이라는 노래 가사도 있듯이, 사랑은 성숙과 성장의 고통을 통해서만 얻을 수 있단다. 이 성숙과 성장에서 가장 중대한 요인은 '갈등'이고. 좀 의아하게 들리겠지만, 인간과 인간이 만나면 온라인에서와는 달리, 반드시 의견 차이가 나고 갈등이 생기는 법인데, 의견 차이를 조정하고 갈등을 해결해가는 과정에서 우리가 성숙해지고 성장한다는 거지. 물론 온라인 세계 속에서도 갈등을 겪을 수 있지만, 이 경우 컴퓨터를 꺼버리면 문제 상황을 외면할 수도 있잖니.

갈등을 해결해 나가는 과정에서 우리는 공정성과 다름을 받아들이는 관용이라는 무척 중요한 두 가지 가치를 배울 수 있단다. 간단히 예를 들면 친구들과 게임을 하는데 한 친구가 속임수를 써서 이긴 거야. 그러면 다른 친구들은 그걸 알고 화가 나서 막 따지겠지. 그런데 속임수를 쓴 친구가 자기는 속임수를 쓰지 않았다고 우긴다면 어떻게 될까? 다른 친구들은 더 화가 날 테고 마구 비난을 해서 갈등이 심해지겠지. 이 상황에서는 모두 불편함과 고통을 느낄 거야. 그런데 이 갈등과 고통이 문제해결에서 큰 역할을 해.

그 고통 덕분에 속임수를 쓴 친구는 잘못을 깨닫고 결국 미안하다는 사과를 할 테니까. 그 친구의 진심 어린 사과를 받은 친구들도 화가 풀릴 테고. 이처럼 우리는 갈등 상황에서 옳고 그름과 공정성을 배울 수 있단다.

 갈등 상황을 겪으면서 공정성의 규칙을 잘 지켜야만 즐겁게 게임할 수 있다는 걸 배운다는 거네요. 그런데 공정성 말고 관용도 배울 수 있다고 했는데, 관용을 배운다는 건 무슨 의미죠?

이야기를 하나 해줄게. 오래전 대안학교인 간디학교에서 있었던 일이란다. 학생들이 간디학교에 와서 기숙사 생활을 시작하면 처음에는 정말 즐거워해. 대다수가 외동이라 집에서 늘 혼자였는데, 한 방에서 네 명씩 함께 지내다 보니 형제자매 같은 친구들이 생긴 기분이 드는 거지. 너무 흥분해서 며칠은 잠도 자지 않고 즐거워하며 놀아. 그런데 1, 2주 정도 지나면 아이들 얼굴이 어두워지기 시작하고, 3주쯤 지나면 밤에 우는 아이들이 생기지. 이쯤 되면 도대체 무슨 일이 생긴 건지 궁금해져. 그런데 이유를 물어봐도 아무도 말을 안 하는 거야.

참 이상한 이야기네요.

당시에는 그 이유를 몰랐는데, 한참이 지나서야 진짜 이유를 알게 됐어. 그게 말이야, 같은 방에 함께 지내는 친구가 미워서 운다는 거야.

네? 그게 무슨 말이에요? 즐겁게 함께 놀던 친구들이 미워서 울기까지 한다고요?

그래. 너희 세대 아이들은 대개 각 가정에서 혼자 자라서 자기중심적인 성향이 강해. 또 친구와 놀이를 하면서 보낸 시간도 그리 많지 않아서 인간관계를 배울 기회가 적은 편이야. 그러니 같은 방에서 함께 생활하는 친구들의 말하는 습관, 잠자는 습관, 양치하는 습관, 공부하는 습관 등 모든 것이 자신과 다르다는 사실에 스트레스를 엄청나게 받는 거야. 그 스트레스 때문에 친구들을 미워하게 되는데, 어떻게 해결해야 할지 모르니까 우는 거야. 왕자와 공주는 자기와 또 다른 왕자와 공주를 받아들이기 어려운 법이지. 간디학교의 이 이야기를 '왕자와 공주의 눈물'이라고들 불렀는데, 너희 세대가 인간관계를 원활하게 맺지 못하는 상황을 단적으로 묘사하는 일화지.

다른 사람과 함께 생활한 적이 없어서 그 상황에서 스트레스를 받는다면 어떻게 해야 하나요? 그렇다고 각자 방을 하나씩

쓸 수도 없을 텐데요.

 그렇지. 그래도 불편하고 심각한 스트레스를 받는 시간이 계속해서 이어지지는 않아. 기숙학교에서 생활하면 처음에는 엄청난 고통을 받지만, 이 고통을 통해 학생들은 서로 다른 것이 나쁜 것은 아니라는 것을 자연스레 배우거든. 즉 다름을 받아들이는 '관용'을 배운다는 거야.

관용이란 습관, 피부색, 언어, 외모 등 다양한 측면이 서로 다르다는 것을 인정하고 존중하는 태도야. 이건 세계시민이 반드시 갖춰야 할 하나의 자질이기도 해. 사실상 서로 다르다는 건 고통이 아니라 아름다움이니까.

네? 서로 다르다는 것이 아름다움이라고요?

서로 다르다는 건 축복이란다

물론이야. 예를 들어보자. 두 친구가 있는데 서로 성향이 전혀 다른 거야. 한 친구는 계획형이고 다른 한 친구는 충동형인 거지. 그런데 이 두 사람이 함께 여행을 가기로 했어. 계획형의 친구는 모든 것을 꼼꼼히 계획해야만 여행을 떠날 수 있는 반면, 충동형의 친구는 아무것도 계획하지 않고 그냥 떠나고 싶어 해. 이렇게 성향이 다르니 의견 차이가 생길 수밖에 없겠지? 결국 갈등에 빠져서 여행을 취소할 가능성도 커. 기대했던 여행을 서로 상대방 때문에 못 가게 됐다고 옥신각신하다가 점점 관계가 나빠질 수도 있겠지. 아니면 '나랑은 절대 안 맞는 친구니까 함께하기 어렵겠다'고 판단해버릴 수도 있을 거야. 그렇게 되면 결국 관계가 거기서 끝나겠지. 그런데 이 두 친구가 서로의 다름을 인정하고 협력해서 각자의 약점을 보완하고자 한다면 어떻게 될까?

 그렇게 다른데 어떻게 서로 약점을 보완할 수 있나요?

일단은 자기만 옳다는 아집을 버려야 해. 서로 대화하고 이해하면서 각자의 장점을 취할 수 있어야 하지. 계획형 친구는 하나부터 열까지 모든 것을 계획하려는 자신의 성향이 여행의 즐거움을 오히려 떨어뜨릴 수 있다는 점을 깨닫고, 굵직한 것만 계획하는 것이 더 바람직하겠다는 생각에 도달하는 거야. 충동형 친구도 마찬가지란다. 아무것도 계획하지 않는 성향이 엄청난 불편과 고통을 초래할 수 있다는 것을 깨닫고 교통편이나 호텔 등 중요한 항목은 미리 계획해야 더 즐거운 여행을 할 수 있다는 생각에 이르는 거지.

이렇게 큰 틀에서 합의한 다음에 중요한 몇 가지만 미리 준비하고 나머지 자잘한 것들은 상대방의 자발성에 맡겨두고 여행을 떠나는 거야. 그러면 여행을 가서도 각자의 장점을 발휘해 서로에게 도움이 될 수 있어. 두 사람이 완벽한 한 팀이 되는 거지. 개인의 차이점에도 불구하고 이처럼 서로 협력하고 보완하는 지혜를 가질 수 있어야 성숙한 사람이 될 수 있단다.

서로의 다름이 고통이 아니라 오히려 축복이라는 걸 깨달아야 한다는 뜻이군요. 그렇지만 머릿속으로 아무리 그렇게 생각해도 서로 다르면 대체로 불편하고 스트레스를 받는 게 사실이잖아요.

그래. 그런데 혹시 MBTI 성격유형검사라고 들어봤니?

그럼요. 요즘 그거 모르는 사람도 있나요? 성격유형을 열여섯 가지로 나누는 검사잖아요.

그래, 맞아. 내가 그 검사를 받은 건 아주 오래전이었는데, 그 결과에 깜짝 놀랐었어. 당시 나는 내 성격이 아주 보편적이라고 믿고 있었는데, 검사 결과에 따르면 내 성격유형은 단 5% 정도의 사람만이 해당한다는 거야. 그래서 '아, 내가 우주의 중심이 아니구나, 나는 오히려 조금 유별난 성격에 속하는구나' 하고 깨달았지.

요즘에는 MBTI 결과로 자신과 잘 맞는 사람을 찾으려는 것 같은데, 사실 MBTI 검사에서 너희가 깨달았으면 하는 건 한마디로 '다른 것이 아름답다'야. 즉 너와 내가 다르지만 그 다름은 서로를 배척하고 소외시키기 위함이 아니라 서로 보완하기 위함임을 알았으면 해. 우리가 다르다는 건 서로를 도와야 제대로 살아갈 수 있다는 신의 메시지거든. 다름을 미워할 게 아니라 감사해야 조화로우면서도 행복하게 살 수 있어. 모든 성격유형은 다른 성격유형과의 보완을 통해 균형과 성숙으로 나아갈 수 있단다. 인간은 결코 독불장군으로는 살아갈 수 없어. 하하, 재미로 보는 MBTI를 가지고 내가 너무 거창한 말을 했나?

온라인 세상에서만 살면, 인간관계 맺는 법을 배울 수 없어

그런데 일단 서로 어울리고 뭔가를 함께해야 보완도 하고 조화도 이룰 것 아니겠어요? 친구들하고 만나도 함께하는 게 거의 없는걸요. 만나도 카페에서 음료수 마시기, 가끔 잡담하기 외에는 별것 없어요. 제대로 대화하는 것도 아니고 밖에 놀러 나가는 것도 아니고요. 만나서도 자기 핸드폰만 보고 있으니, 같은 시간 같은 공간에 있어도 실제로는 각자의 공간에 홀로 있는 것 같아요.

그래. 그게 지난 10년간 일어난 가장 큰 사회 변화라고 해야 할 거야. 인류가 처음 만난 디지털 문명의 한 측면이라고 봐야겠지. 이 새로운 문명은 한때 소수 특권층만 누릴 수 있었던 지식과 정보를 모든 사람이 쉽게 손에 넣을 수 있도록 세상을 바꿔놓았어. 스마트폰을 터치하기만 하면 어떤 정보든 쉽게 접할 수 있는 세상이 됐잖아. 바로 이것이 디지털 문명의 가장 큰 장점이자 기여라고 할 수 있어. 정보와 지식 앞에서 모든 사람이 평등해진 거지.

하지만 이 문명에는 약점이나 함정이 있어. 이 문명은 어쩌면 인류에게 비극이나 저주일지도 몰라. 그중 하나는 우리를 인간적인 직접 만남에서 점점 더 멀어지게 해서 그것 없이도 아무런 불편 없이 살아갈 수 있게 한다는 거야. 이미 젊은 세대는 사람을 직접적으로 만나기보다 온라인 세상과 가상세계에서 많은 시간을 보내고 있어. 스마트폰으로 게임을 하거나 드라마나 영화도 보고 음악 감상도 하고, 유튜브로 강의도 듣고, 틱톡으로 재미있는 장면을 즐기지. 지금 보고 있는 드라마가 보기 싫으면 그냥 클릭하면 끝이야. 몇 초 만에 다른 드라마나 뉴스나 음악으로 옮겨갈 수 있으니까 말이야. 이렇게 뭐든 자기 마음대로 되고, 빠른 속도와 편리함에 익숙해지다 보면 직접 사람을 만나는 걸 점점 더 어려워하고 귀

찮아하게 되지. 하물며 요즘에는 택배도 직접 받지 않잖아. 문 앞에 두고 가라거나 경비실에 맡겨놓으라고 하지. 이렇게 사람을 직접 만나지 않고 온라인 세상에서만 살아가다 보면, 결국 인간관계를 맺는 법을 배우지 못하거나 관계 자체를 기피하는 경향을 보이게 될 수 있어.

멀리 갈 것도 없죠, 뭐. 제 친구들도 그러니까요. 그래서 고민이 되기도 하고요. 제게는 세 명의 오랜 친구가 있어요. 편의상 친구 A, 친구 B, 친구 C라고 할게요. A는 공부도 잘하고 책임감도 강해요. 인터넷 음악동호회에서 활동하는데, 음악을 만들어서 거기 올리고 회원들에게 평가도 듣고 대회도 나가요. 거의 밤새도록 자기 방에서 음악 작업을 하죠. 가족과도 거의 마주치는 법이 없고 대화도 안 한대요. 가족이 자는 시간에 음악 작업을 하고 가족이 깨어 있는 낮 시간에는 주로 잠을 자죠. A는 본래 다정다감했어요. 그런데 중학교 때 왕따를 당한 뒤로 사회에 대한 분노가 생겼어요. 가족이나 세상과 점점 더 멀어지는 것도 어느 정도 그것 때문이기도 하고요. 그 친구 음악에 종종 그런 분노가 표출돼요. 부조리한 사회를 멸망시키겠다는 메시지도 나오고요.

친구 A의 아버지가 걱정이 돼서 조언도 하고 야단도 치는데 그 친구는 전혀 들을 생각이 없어 보여요. 가족과 대화도 하고 친구들을 만나서 놀기도 해야 한다고, 어두운 방에서 허구한 날 밤을 새우고 세상과 담을 쌓고서 어떻게 건강하고 행복한 삶을 살 수 있겠느냐고 아버지가 마음을 다해 설득했는데도 A는 세상과 점점 멀어져 온라인 세상에서만 살아가고 있어요. 걱정이에요. 친구들과도 거의 대화를 하지 않는 편이에요.

 참 딱한 일이네. 다른 친구들 이야기도 좀 해줄래?

네. 친구 B는 엄마와 문제가 있어요. B의 엄마는 아이를 과하게 보호하는 타입이세요. 사사건건 걱정이 많아서 어렸을 때부터 B의 일을 다 대신 처리해주셨어요. 숙제부터 놀이, 먹는 것, 친구 사귀는 것, 친구와 갈등이 있을 때 해결하는 것 등등 그 어느 것도 그 친구가 결정하지 않았어요. 이렇게 마마보이로 생활하니 친구들 사이에서 놀림감이 되기 쉬웠죠. 초등학교, 중학교 때 따돌림과 괴롭힘을 여러 차례 당하기도 했어요. 그래서 이 친구는 두려움이 아주 많아요. 늘 불안해하고 두려워해요. 그런 탓에 B는 늘 게임에 빠져 있어요. 그 세상이 현실보다 훨씬 편한가 봐요. 게임 중독 상태라고 해야 할 거예요. 친구를 만나도 계속 게임을 하고 있으니까요.

그 친구에게는 그곳이 도피처인가 보구나. 그래도 현실과 균형을 맞춰야 할 텐데 걱정이네. 마지막 친구 C 이야기도 해줄래?

친구 C도 재능이 많아요. 춤도 잘 추고 특히 미술에 재능이 뛰어나요. 그림도 잘 그리고 색감이 뛰어나서 선생님이나 전문가의 칭찬도 많이 받죠. 예술적인 재능이 많은 친구예요. 그런데 C도 엄마와의 관계에 어려움을 겪는 것 같아요. C의 표현에 의하면, 엄마가 언니에게만 관심을 갖고 자기에게는 별 관심을 보이지 않고, 자신이 힘들어할 때조차 거의 도움을 주지 않는다는 거예요. 어머니와의 관계에서 깊은 상처를 입은 것 같아요. 어느 날부터 돌연 그림도 그리지 않고 드라마를 보거나 음악을 들으면서 주로 시간을 보내기 시작했어요. 친구들과도 잘 만나지 않고 말이에요.

A, B, C 세 친구 모두 제게 오래된 소중한 친구인데, 이제는 만나기도 힘들어요. 만난다 해도 예전과 같은 유대를 느끼기 어려워요. 이렇게 느끼는 제가 문제인 걸까요? 요즘에는 이게 정상적인 교류방식인 걸까요?

세 친구 이야길 들어보니, 모두 부모와의 관계에 문제가 있는 것 같구나. 안 그래도 요즈음 세대들에겐 인간관계를 맺을 기회가 매우 부족한데, 거의 마지막 보루라고 할 수 있는 부모와의 관계에 문제가 있거나 단절이 되면 그런 친구들은 좀 더 쉽게 온라인 세상으로 도피해버리는 경향이 있단다. 부모와 평소 자주 대화하고 스킨십을 하고 깊은 유대를 유지하고 있으면 보통은 그런 식으로 온라인 세상 속으로 숨어버리지는 않는데 말이야.

네 친구들은 타인과 소통하고 바람직한 관계를 맺고 성장해갈 수 있는 사회적 기능을 거의 잃어버렸거나 그런 능력을 제대로 발전시키지 못한 경우라고 볼 수 있어. 그 친구들은 선천적으로는 아무 문제가 없어. 그런데 인간관계를 피하다 보니 현실 사회보다 온라인 세상에 더 익숙해져버린 거지.

게임만 하는 친구와 달리, 음악이나 미술에 재능 있는 친구들은 온라인 세상에서 자기 능력을 인정받고 있어요. 그렇다면 사람들과 굳이 만나지 않아도 되지 않을까요?

글쎄, 겉으로는 별다른 문제가 없어 보일 수도 있어. 하지만 인간은 그런 방식으로는 결코 행복해질 수 없는 법이란다.

왜요? 좋아하고 잘하는 일을 찾아서 나름의 성취를 이루고 잘 살아가면 되는 것 아닌가요?

우선 온라인 세상에서 주로 살아가는 아이들은 신체적으로 건강할 수가 없어. 인간은 자연 속에서 살아가야 하는 동물이야. 햇볕을 쬐고 운동도 하고 몸을 움직여야 정상적인 건강상태를 유지할 수 있지. 언젠가 뉴스를 들어보니 일주일간 게임만 하고 제대로 먹지도, 자지도 않았던 청소년이 죽었다는구나. 게임만 하면서 일주일 한 달을 좀비처럼 살면 건강이 망가지고 심한 경우 죽을 수도 있어.

신체적 건강도 건강이지만 그보다 더 심각한 건 심리적 건강이야. 온라인 세상에서만 살아가는 청소년 몇 명을 최근에 만났는데, 겉보기에는 재능도 있고 똑똑하고 즐겁게 살아가고 있는 것 같아도 조금 깊이 들여다보면 그게 아니더라고. 그 친구들은 정말 힘들게 살고 있었어. 네 친구들처럼 분노가 있고 두려움도 많고 슬픔도 있었지. 겉으로는 즐거워 보여도 사실상 내면은 엄청 외롭고 공허하더라. 이 친구들은 관계 맺기를 주저하고 피하면서도, 자신에 관한 질문을 던지면 무척 반기는 기색이었어. 대화하는 게 마냥 편하지는 않지만, 사실은 누군가가 자신에게 진지한 관심과 사랑을 보여주기를 깊이 갈망하고 있는 거지. 누가 뭐래도 인간은 사회적 동물이거든.

🧑 제 친구들도 심리적으로는 외롭고 쓸쓸할 거라는 말씀이군요. 그리고 보니 그 친구들 얼굴이 그리 밝게 보이지 않고 어두운 그림자가 느껴지곤 했어요. 그럼 그 친구들에게 어떤 도움을 줘야 할까요? 어떻게 해야 예전 생활로 돌아올 수 있을까요?

외롭고 쓸쓸한 요즘 아이들에게는 자연과 공동체가 필요하단다

 정말 어려운 질문이구나. 이 아이들은 어른을 신뢰하지 않고 교사를 필요로 하지 않고, 대체로 어른의 도움을 받기 싫어해. 부모나 어른들을 늘 자기 삶을 간섭하고 통제하려는 존재로 여기지. 나 역시 그들과 소통하려고 해봤는데 쉽지가 않았어. 아마 상당한 시간과 노력이 필요할 거야.

그래도 뭔가 해결책이 있지 않을까요?

음, 구체적인 해결책은 아니지만 직관적인 대답을 해보도록 할게. 이 아이들에게 자연을 돌려주고, 친구와의 놀이를 돌려주고, 그리고 그들이 안심하고 속할 수 있는 공동체를 돌려줘야 한다는 게 내 대답이야.

지난 25년 동안의 교육 경험에 비춰보면, 자연이야말로 위대한 치유제야. 자연은 우리에게 무한한 위로와 안식을 제공해주지. 콘크리트 문명과 공부 스트레스에 찌든 아이들이 대자연에 나와 일주일만 생활해도 웃음과 생명력이 회복되는 걸 지켜볼 수 있었단다. 내가 가르친 아이들을 보면 자연 속에서 한 학기만 생활해도 모두 생명력이 넘치고 멋진 시인이 되더라고. 아무도 시키지 않았는데 별을 노래하고 달과 시냇물의 아름다움을 노래하게 되는 거야. 이처럼 자연은 정말 무한한 에너지의 원천이란다. 또 사이버고아라고도 할 수 있는 이들에게는 자연뿐만 아니라 놀이와 친구가 있어야 해. 제3세계 아이들이 비록 가난해도 행복지수가 높은 것은 종일 친구들과 함께 놀기 때문이야.

마지막으로 이 친구들에게 필요한 건 안심하고 의지할 수 있는 가족과 공동체란다. 부모가 그런 울타리가 되어줄 수 없다면 교사나 친척, 혹은 그 외 다른 누군가가 가족이 되어줘야 해.

인간의 두뇌는 수백만 년 동안 자연과 친구, 놀이, 그리고 가족 공동체 안에서 행복함을 느끼도록 진화되어왔거든. 최근 몇 년간 온라인 세상에 중독됐다 해도 그런 환경이 주어진다면 인간의 두뇌는 이를 얼마든지 회복할 수 있어.

심오한 이야기네요. 자연을 돌려주고 놀이와 친구를 돌려주고, 가족과 공동체를 돌려줘야 한다면, 교육의 패러다임이 완전히 바뀌어야 한다는 뜻인가요?

온라인 세상에서 홀로 살아가고 있는 아이들에게 학교는 정말 아무 의미가 없어. 공교육이든 대안교육이든 기술교육이든 이들에겐 모두 무용지물이야. 이 친구들에게 과연 어떤 학교와 교육이 필요할까? 학교라는 시스템 안에서 자연과 놀이와 친구와 가족을 과연 돌려줄 수 있을까?

자기 방에서 전혀 나오지 않고 방에서 은둔생활을 하는 아이들을 교육해온 일본의 한 교육자가 이 문제에 관해 우리에게 영감을 줄 수 있을 것 같아. 그는 자기 방에서 나오지 않는 일본의 청소년들을 데리고 스페인 시골농장에 가서 6개월씩 생활했어. 아마도 이분은 그 생활을 통해 아이들에게 자연과 친구와 놀이와 공동체를 돌려주려고 했던 것 같아. 그의 이러한 지혜가 온라인 세상에 살아가는 외로운 아이들에게 무엇을 해줘야 하는지 영감을 주지 않을까 싶어.

사람들과 함께하는 삶은 반드시 갈등이 생기기 마련이다. 그래서 홀로 살아가고 싶어하는 사람도 많다. 혼자 사는 세상이 과연 재미있고 행복할까? 그리고 과연 그런 생활이 가능하기나 할까?

∨ 사람을 굳이 만나지 않아도 무엇이든 할 수 있는 시대다. 하지만 이런 편리함에 지나치게 빠져들면 다른 사람과의 교류가 어려워질 수 있다.

∨ 혼자가 편할지라도 혼자서는 행복할 수 없다. 다른 사람과 소통하고 어울리는 용기와 지혜를 가져야 한다.

∨ 사람들은 저마다 성격유형이 다르다. 그래서 괴롭고 힘들기도 하지만, 서로 다른 점을 보완해 나가며 한층 성숙하고 발전할 수 있다.

∨ 관계에 상처받은 아이들에게 학교를 강요해서는 안 된다. 그들에게 필요한 건 자연과 그들을 지지하는 든든한 가족, 놀이다.

;

"친구·성적·왕따……, 내 삶이 막막하게 느껴질 때 절망에 사로잡히지 않는 방법을 찾아야 한단다"

"어둠을 한탄하기보다 촛불 하나를 켜는 것이 낫다."

이 구절은 제 좌우명이고, 인도 출신의 생태운동가 사티쉬 쿠마르가 한 말이기도 합니다. 그가 살던 영국의 작은 마을 하트랜드에는 초등학교가 하나뿐이었는데 하나 있던 그 학교마저 폐교가되어 그의 두 자녀를 비롯한 많은 하트랜드의 어린이들은 버스로한 시간이나 걸리는 도시 학교로 통학을 해야 할 어려운 상황에처했습니다. 생각해보세요. 어린이가 매일 두 시간씩 버스를 타고학교를 오가야 하는 상황을 말이죠. 그런 힘든 상황에서 그는 이렇게 말합니다.

"어둠을 한탄하고 있어서는 아무 소용이 없습니다. 하나의 촛불을 켜는 것이 더 낫습니다. 정부와 교육기관을 계속 비판한들아무 소용이 없습니다. 그런 비판에서는 아무것도 나오지 않습니다. … 우리가 무엇을 할 수 있습니까? 나는 정부에 영향력이 없습니다. 대중매체에도 영향력이 없습니다. 교장이나 높은 교육 관리 들에게도 영향력이 없습니다. 그러나 우리가 할 수 있는 한 가지 일은 촛불을 켜는 것입니다. 작은 것이 아름답다는 에른스트 슈마 허의 원칙에 근거한 조그만 학교를 하트랜드에 세우는 것입니다."

사티쉬 쿠마르는 하트랜드에 작은 학교를 세웠습니다. 30여 명 의 어린이가 자기 집처럼 느끼고 화롯가에 모여 앉아 함께 밥을 먹는 그런 따뜻한 학교를 세웠습니다. 저는 하트랜드의 작은 학교 이야기에 감명을 받아 저 또한 촛불 하나를 켜기로 했고 그 결과 물이 한국 최초의 대안학교인 간디학교입니다.

성적과 대학입시로 인한 중압감 때문에, 인간관계로 인해, 학교 폭력과 왕따 문제로, 아니면 외모에 관한 콤플렉스로 인해 고통받 고 불행에 빠져 있나요? 그런데 상황은 전혀 바뀔 기미가 보이지 않죠. 정말 칠흑같이 어두운 상황으로 느껴질 겁니다.

하지만 어둠을 저주하고 한탄만 하고 있어서는 아무것도 달라 지지 않습니다. 불평하고 한탄을 하면 오히려 점점 더 부정적인 에너지에 빠져 상황이 악화될 뿐입니다. 아무리 어려운 상황일지 라도 여러분이 할 수 있는 선택은 늘 있는 법입니다. 자신을 냉철 하고 정직하게 바라보고 여러분을 어둠과 고통으로 몰아넣은 진 짜 원인이 무엇인지 알아내야 합니다. 좋지 못한 성적 때문인가 요? 맘대로 되지 않는 친구 관계 때문인가요? 그렇다면 여러분이 선택할 수 있는 것은 무엇입니까? 절망에 사로잡히지 말고 찬찬히 생각해보세요.

분명 여러분은 촛불 하나를 켤 수 있습니다. 그 촛불 하나가 여러분의 자부심을 회복시키고 여러분의 삶을 밝힐 것입니다. 어둠을 한탄하지 말고 촛불 하나를 켜십시오.

Part 2

배움의 주인은
바로 너희란다

쉴 시간이 없는 요즘 아이들. 부모가 짜놓은 시간표에 따라 바삐 움직이다 보면 자신이 무얼 좋아하는지, 무얼 배우고 싶은지 알 기회를 잃을 수밖에 없다. 그 결과 배움에 대한 염증과 무기력증이라는 병에 걸린 아이들이 늘고 있다.

저는 하고 싶은 게 하나도 없어요. 부모님은 악기든 운동이든 하고 싶은 걸 말하라고 하시는데, 아무리 생각해도 하고 싶은 게 하나도 없어요. 그래서 없다고 말하면 엄마는 저더러 배가 불러서 그렇다고 화를 내세요. 엄마는 어려서 하고 싶은 게 많아도 집에 돈이 없어서 배우지 못했다고 하시면서요.

하고 싶은 게 하나도 없다는 건 병이 들었다는 증거야. 배워야 한다는 강요를 많이 받아서 오히려 배우기 싫은 병에 걸린 거지. 모든 생명체는 배우지 않고는 존재할 수 없어. 그게 생명의 이치야. 생존하는 법과 성장하는 법과 먹이를 얻는 법을 배우지 못하면 죽게 돼 있거든. 그러니 그런 배움에 대한 호기심이 없다는 것은 일시적으로 생명력을 잃어버린 상태와 마찬가지야. 네가 배우고 싶은 것이 없다면 그건 인생 경험이 거의 없다는 뜻인 동시에 배움에 대한 염증이 생겼다는 거지. 하지만 너는 아직 어리니까 그 문제는 금방 해결될 거야. 그러려면 먼저 그 무기력증부터 치료해야 해.

 무기력증은 어떻게 치료해야 하는데요?

(배움에 대한 염증과 무기력증 치료법)

 가장 좋은 치료 방법은 우선 몸을 많이 움직이는 거야. 운동을 하거나 청소, 빨래, 집안 정돈 등 집안일을 하는 것도 좋지.

 운동은 잘 모르겠지만, 집안일은 재미도 없고 하고 싶지도 않아요. 그런데 그런 일들이 어떻게 의욕 회복에 도움이 될 수 있죠?

 '노동 명상'이나 '청소 테라피'라는 말 들어본 적 있니? 청소나 빨래, 정돈을 우습게 여겨서는 안 돼. 모든 배움에는 반드시 집중력이 필요하고 이를 갖기 위한 방법 중 하나가 청소나 주변 정돈이거든. 이 비결을 모르는 사람들이 청소나 정돈을 우습게 보는 거야. 그러니 매일 공부하기 전에 네 공부방을 청소하거나 정돈하는 습관을 가져보렴. 분명 효과가 있을 거야.

   청소나 정돈에 그런 의미가 있는 줄은 몰랐어요.

감성을 긍정적으로 일깨우면 뭔가 배우고 싶어질 거야

   다음으로 무기력증 치료에 좋은 방법은 예술적인 활동이란다. 요즘에는 '예술치료'라고 부르기도 하지. 우리가 의욕을 갖지 못하는 주된 이유는 마음과 정서가 부정적인 상태에 있어서야. 만일 우리 정서가 즐겁고 활기찬 상태라면 자연스레 뭔가를 열심히 하겠지만, 마음이 우울하고 슬프고 화난 상태라면 당연히 아무것도 하고 싶지 않을 거 아니겠니? 생각해보렴. 네가 몹시 화가 나 있는데, 도대체 공부가 되겠니?

   그러네요. 그런데 제가 좋아할 만한 예술활동이 있을지

모르겠어요. 어릴 때는 그림 그리기를 무척 좋아했던 것 같은데.

사람마다 자신에게 맞는 예술활동이 있단다. 노래, 기타 치기, 음악 감상, 작곡, 그림 그리기, 그림 감상, 연극하기, 사진 찍기, 화초 기르기, 동물 기르기 등 뭐든 좋아. 네 부정적인 감정을 치료하고 긍정적인 정서를 되살려줄 수 있다면 말이야. 이건 무기력증에 걸린 사람들에게만이 아니라 사실 모든 사람에게 꼭 필요한 활동이란다. 사람은 누구나 살아가면서 고통과 상처를 받기 마련이라 치료가 필요한 법이니까. 나도 내 인생의 가장 힘든 시절을 보냈을 때 새벽이면 혼자 일어나 기타를 치며 즉흥곡을 부르곤 했어. 그때 이유는 잘 모르지만 엄청난 눈물을 흘리곤 했지. 그렇게 노래를 한 2년 가까이 했던 것 같아. 날마다 엄청 많은 눈물을 쏟았어. 눈물은 마음 치료에 가장 좋은 약이란다. 그렇게 오랫동안 그런 행동을 했던 이유는 아마 내가 평생 그런 치료를 받아본 적이 없기 때문이겠지.

제게 맞는 예술활동을 하면 의욕이 생길 거라는 말씀이죠? 그런데 저는 아무것도 관심이…….

나는 마음의 상처가 많은 학생들을 여럿 만났단다. 그중에 아직도 기억에 생생하게 남아 있는 한 학생에 관해 이야기해줄게. 그 학생은 간디학교를 다녔는데, 3년 동안 다니면서 아침에 정 상적으로 일어난 적이 거의 없었단다. 그러니 오전 수업에 참여할 수도 없었고 오후가 되어서야 겨우 일어나 움직였지. 말로는 3년 내내 '영어책을 독파하겠다', '수학을 마스터해서 경시대회에 나가 겠다' 했지만, 단 한 번도 실행한 적은 없었어. 고3 때는 졸업작품 을 준비하기 위해 캐나다로 여행간다고 하더구나. 캐나다를 여행 하면서 찍은 사진들을 직접 현상해서 사진전시회를 열겠다는 계 획이었어. 결국 캐나다로 여행을 떠나긴 했는데 여행을 다녀오고 나서 단 한 장의 사진도 보여주지 못했어. 현상을 하다 실수해서 다 못쓰게 되었다는 거야. 그런 과정에서 그 학생과 대화를 나누게 되었는데, 내가 단도직입적으로 말했단다.

"너는 지난 3년간 네가 스스로 하겠다고 한 일을 단 한 번도 실 행한 적이 없어. 그런데도 네 부모님은 많은 돈을 들여 널 캐나다 까지 보내주셨지. 그런데 결과적으로 넌 단 한 장의 사진도 보여주 지 못했어. 그런 너 자신이 정말로 믿지 않니?"

그 학생은 내 이야길 듣고서 한참 말없이 있다가 눈물을 흘리기 시작했어. 정말 오랜 시간 많은 눈물을 흘렸지. 그러고는 아무 말 없이 자리를 떠났어. 그런데 다음 날 정말 놀라운 광경을 봤단다. 그 친구가 새벽에 일어나 학교 운동장을 쓸고 있는 거야. 지난 3년 간 아침에 일어난 적이 없던 그 친구가 말이야.

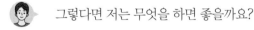

정말 놀라운 일이네요. 그래서 그 친구는 어떻게 되었나요? 졸업은 했나요?

그 친구는 한 학기를 더 다니기로 결정했어. 다른 친구들은 모두 졸업을 하고 학교를 떠났는데, 그 친구는 한 학기 동안 남아서 하지 못한 졸업작품을 하기로 한 것이지. 그런데 놀라운 사실은 그 친구가 한 학기 내내 새벽에 일어나 학교를 청소했다는 거야.

정말 신기한 일이네요. 그런데 왜 하필 청소를 했을까요?

아마도 그 학생은 우리가 알지 못하는 마음의 깊은 상처로 인해 아무것도 하고 싶지 않는 병에 걸려 있었던 게 아닐까 해. 그래서 말로는 이렇게 하겠다 저렇게 하겠다 하면서도 정작 아무것도 할 수 없었던 거지. 그러다가 눈물을 계기로 자신의 상처를 보기 시작했고, 한 학기 동안 매일 학교를 청소하면서 자신의 마음의 상처를 치료했던 것 같아.

그렇다면 저는 무엇을 하면 좋을까요?

무엇이든 네가 하고 싶은 것을 하나 골라서 시작해보렴. 우선 몸을 가능한 한 많이 움직이는 한편, 예술활동을 하나 선택해서 네 감성을 일깨우면 저절로 뭔가 배우고 싶어질 거야. 그건 네가 성적으로 인한 강박관념과 열등의식에서 비롯된 의욕상실증에서 치료되었다는 뜻이지. 그렇게 되면 다시 배움의 여행을 시작할 수 있을 거야.

++ 오늘의 대화 생각해보기 ++

하고 싶은 게 없다는 건 마음에 병이 들었다는 뜻이다. 내 마음 어디에 병이 생겼는지 자주, 자세히 들여다보자.

∨ 왜 배움에 대한 의욕을 잃고 무기력해졌는지 생각해보자.

∨ 성적이 좋지 않아 의욕을 상실했다면, 별것 아닌 듯 보이는 청소와 정리정돈, 예술활동으로 내 마음을 돌볼 수 있다. 사소한 것부터 꾸준히 즐겁게 시작해보자.

질문의 크기가 네 삶의 크기다

배움은 질문에서 시작된다. 그런데 언젠가부터 학교에서 질문이 거의 사라졌다. 대부분의 학생이 수업시간에 질문을 하지 않는다. 학교가 살아나려면 질문이 살아나야 한다. 학생들이여, 용기를 가지고 질문을 하자. 질문의 크기가 삶의 크기를 결정한다는 말도 있지 않은가.

제가 초등학교 1학년 때 일이에요. 선생님께 질문을 한 적이 있는데요, 아직도 그 일이 께름칙하게 남아 있어요. 사실 입학 전부터 한 가지 궁금한 게 있었거든요. 겨울이면 무척 추운데, 햇볕이 내리쬘 때 담장 앞에 앉아 있으면 꽤 따뜻하잖아요. 그래서 저는 태양과 좀 더 가까운 곳으로 가서 햇볕을 쬐면 훨씬 더 따뜻할 거라고 생각하고 뒷산으로 가봤어요. 뒷산은 우리 집 담장보다 높으니까 태양과 더 가깝지 않겠어요? 그런데 그런 제 생각과 달리 우리 집 담장 앞보다 더 춥지 뭐예요. 정말 이상했죠. 태양과 더 가까운 곳이 분명한데, 담장 앞에 있을 때보다 왜 더 추울까? 그런 의문이 사라지지 않고 계속 맴돌았죠. 그래서 어느 날 수업시간에 용기를 내 손을 번쩍 들고 선생님께 질문을 했어요.

"선생님, 태양은 우리 집보다는 뒷산에서 더 가까운데요, 왜 우리 집 담장 앞이 뒷산보다 더 따뜻한가요?"

 그래. 선생님은 뭐라고 대답하셨지?

 저는 사실 선생님의 대답을 잔뜩 기대했거든요. 그런데 선생님은 아무 말씀도 하지 않으시는 거예요. 선생님은 아무도 질문하지 않은 것처럼 묵묵히 하셨어요. 무척이나 당황스러웠죠.

'선생님이 내 말을 못 들으신 건가? 그럴 리가 없는데. 그렇다면 내가 정말 바보 같은 질문을 한 걸까?'

수업은 계속 진행되었고 그렇게 하루 수업이 모두 끝났어요. 저는 힘없이 터벅터벅 집으로 돌아왔는데, 평소와는 달리 방과 후에 친구들과 놀고 싶지도 않았어요. 한참이나 집 마루에 걸터앉아 하늘을 바라봤지요. 뭉게구름이 움직이는 모습을 바라보며 여러 가지 상상 속에 빠져들었는데, 그제야 기분이 좀 나아지더라고요. 그때 다시 학교에서 있었던 일을 골똘히 생각해봤죠.

'왜 선생님은 내 질문에 아무 대답도 하지 않으신 걸까?'

아무리 생각해도 그 이유를 알 수가 없었어요.

 같은 질문을 다른 사람에게도 해본 적 있니?

아뇨. 그때 그런 식으로 무시를 당한 것 같아 어느 누구에게도 묻지 않았어요. 제가 용기가 없어서 그랬는지도 모르죠. 아니면 그 일에 관해 더는 생각하고 싶지 않아서였는지도 모르고요. 그후로 더는 학교에서 질문을 하지 않았던 것 같아요.

질문하지 않고 배울 수 있을까?

저런, 초등학교 1학년 때 벌써 질문을 하지 않게 되었다니, 정말 불행한 일이구나. 질문이 없다는 건 말이야, 아무것도 배우지 않고 있다는 뜻이거든. 그럼 넌 그때부터 지금까지 아무것도 묻지 않고 살아왔단 말이니?

물론 그런 건 아니에요. 엄마에게는 편하게 질문하죠. 엄마는 제 질문에 친절하게 대답해주시거든요.

그건 불행 중 다행이구나.

전 나름 행복한 어린 시절을 보냈다고 생각해요. 하지만 학교에서 아무 질문도 하지 않고 하루 종일 선생님 이야기만 듣고 있는 건 정말 힘들었던 것 같아요.

　　그래, 맞아. 그건 정말 힘든 일이지. 한번 생각해봐. 친구가 네 이야긴 하나도 듣지 않고 자기 말만 일방적으로 네 시간 이상 해댄다면……. 와! 그건 정말 누구라도 참을 수 없을 거야. 그런데 학교에서는 그런 일이 매일매일 일어나고 있구나.

　　저는 학교에서 주로 상상을 많이 하는 편이에요. 책에 나오는 친구들을 차례대로 불러내거나 상상의 인물들을 만들어내곤 하죠. 가끔 선생님이 수업 외의 다른 일을 하고 계실 때, 친구들과 이야기하거나 장난치는 일은 정말 재미있어요.

　　그건 어린 시절 교회에 가서 지루한 설교를 듣는 것하고 비슷하구나. 난 늘 종이에다가 무언가를 열심히 적었단다. 물론 설교를 받아 적은 건 아니고 종이에다가 여러 가지 상상을 끄적였지. 그럼 다른 사람이 보기에는 열심히 설교를 듣는 것처럼 보이고, 난 내 나름의 좋은 시간을 보낼 수 있었지.

　　제 초등학교 생활기록부에는 늘 이렇게 적혀 있었어요.
　'심성이 착하나 주의가 매우 산만함.'
　저는 당시에는 '주의가 산만'하다는 말이 무슨 뜻인지 몰랐어요. 엄마가 그에 관해 아무 말씀도 없으시니 별문제 아니라고 생각했죠.

 그럼 지금은 그 말이 무슨 뜻인지 아니?

그럼요. 주의가 산만하다는 말은 제 시선이 선생님에게 붙어 있지 않고 앞으로 뒤로 여기저기 마구 돌아다닌다는 거잖아요. 쉽게 말해서, 제가 선생님 말을 집중해서 듣지 않았다는 거죠. 하지만 지금 생각해보면 저는 상상을 하거나 친구와 장난치면서도 선생님 이야기는 대체로 듣고 있었던 것 같아요.

배움은 질문에서 시작된단다

그래? 그거참 신통하구나. 그것도 능력이지. 안 듣는 것 같으면서도 듣는 것은 능력이란다. 내 친구 중에는 자면서도 듣는 친구가 있었지. 수업시간에 늘 자는데도 성적은 그럭저럭 나오는 게 참 신기했거든. 그래서 물었더니 자다가 가끔 깨어나면 칠판을 한 번씩 쳐다보는데, 그때 본 것이 늘 시험에 나온다나, 뭐라나. 어쨌거나 질문 한번 하지 않고 일방적으로 듣기만 하는 수업에서 주의가 산만하지 않을 수 있다는 것은 거의 기적이겠지. 특히 초등학생 시절엔 말이야. 하지만 네가 학교에서 질문을 하지 않게 된 것은 참으로 안타까운 일이야. 그건 너만이 아니라 우리나라 많은 학생들에게 일어나고 있는 비극적인 일이기도 하지. 왜냐하면 모든 배움은 질문에서 시작되거든.

모든 배움이 질문에서 시작된다고요? 그게 무슨 뜻인가요? 질문 없이는 배울 수 없단 말인가요?

글쎄다. 한번 생각해보자, 질문 없이 과연 배울 수 있는지. 내 생각에는 진정 뭔가 배우고자 하는 사람은 반드시 마음속에 질문을 가지고 있을 것 같거든. 예를 들어 네가 정말 강아지를 키우고 싶다고 해보자. 그럼 넌 강아지 키우는 법이 알고 싶지 않겠니?

그쵸. 당연히 강아지를 어떻게 키울지 생각하게 되겠죠.

그래. 그럴 거야. 강아지를 어떻게 키울지 생각하다 보면, 넌 당연히 강아지에 관한 여러 가지 질문을 마음에 품게 될 거야.
'강아지는 어떤 음식을 좋아할까?'
'강아지에게 어떤 집이 필요할까?'
'강아지 똥은 어떻게 치워야 할까?' 등등.

그러니까 질문한다는 것은 뭔가를 알고자 하는 호기심과 욕구를 드러내는 거란다. 그래서 만일 네가 강아지를 키우고 싶다고 말하면서도 강아지에 관해 아무런 질문도 생기지 않는다면, 사실상 넌 강아지를 키우고 싶지 않다는 거지. 마찬가지로 네가 학교수업에서 아무런 질문도 생기지 않는다면, 넌 배움에 대한 아무런 호기심도 없이 그저 선생님의 강의를 물리적인 소리로만 듣고 있는 것과 마찬가지란다. 그건 엄격한 의미에서는 아무것도 배우지 않고 있는 것과 똑같아. 알고자 하는 호기심과 욕구 없이는 아무것도 제대로 배울 수 없는 법이거든. 그래서 많은 사람들이 학교를 6년, 12년 다녔는데도 도대체 무얼 배웠는지 모르겠다는 이야길 하는 거야. 우리 마음에 배우고자 하는 마음이 없다면 질문이 생기지도 않고, 질문이 생기지 않으면 사실상 아무것도 배우지 않는 거나 마찬가지라는 거지.

한마디로, 질문이란 뭔가를 배우고자 하는 호기심과 욕구를 나타낸다는 말씀이죠? 그래서 배움에서 질문이 중요하다는 말씀이고요. 그렇다면 제가 초등학교 1학년 때 한 질문도 뭔가를 배우고자 하는 제 마음을 나타내는 것이었을까요?

물론이지. 넌 당시 무언가를 알고 싶어했고, 또 상당히 좋은 질문을 했던 거야. 하지만 네 질문은 대답하기 어려운 질문이기도 했단다. 그래서 그 선생님은 어떻게 대답해야 할지 당황하신 나머지 네 질문을 피하셨을지도 몰라. 그런데 넌 무시당했다고 생각하고 상처를 받은 거고.

그랬던 것 같아요. 그때 선생님이 그냥 솔직하게 '나도 잘 모르겠구나. 나도 공부해 올 테니 너희들도 생각해 오너라. 그리고 다음 시간에 함께 이야기해보자꾸나' 뭐 이렇게 웃으면서 말씀하셨으면 그 이후로도 질문을 많이 했을 것 같아요. 그때부터 질문을 하지 않아서 공부에 점차 흥미를 잃은 게 아닐까 하는 생각도 들어요. 그렇다고 학교에서 질문을 유도하는 분위기도 아니고요. 저뿐만 아니라 대다수 제 친구들도 학교에선 거의 질문을 하지 않죠. 그래서 학교생활을 6년, 9년, 12년 하다 보면 아예 질문 자체를 잊어버리게 되는 게 아닌가 하는 생각마저 들어요.

네 질문에 대답해줄 사람을 만나면 인생이 크게 달라질 거야

쉽지 않겠지만 지금이라도 늦지 않았으니 용기를 내보렴. 뭔가를 제대로 배운다는 것은 끊임없이 질문을 던지는 과정이란다. 그 과정에서 스스로 답을 찾을 때도 있을 거야. 물론 딱 맞는 답을 찾지 못할 수도 있지만, 누군가에게 질문하고 대화를 나누는 것만으로도 정말 많은 것을 배울 수가 있지. 넌 다행히 질문을 할 수 있는 좋은 부모님이 계셔서 배움에 대한 호기심을 잃지 않을 수 있었던 거야. 하지만 앞으로는 부모님이 대답하기 어려운 질문도 하게 될 거야. 그러니 네 질문에 대답해줄 수 있는 분을 찾아야겠지. 먼저 학교 수업 중에 용기를 내어 질문을 하면 좋겠어. 처음에는 어렵겠지만, 자꾸 하면 익숙해질 거야. 정 질문하기가 어렵다면 선생님을 개인적으로 찾아가는 것도 좋을 것 같구나. 쉬는 시간이나 점심시간을 이용해서 말이야. 인생은 배움의 여행이란다. 우린 태어나서 죽을 때까지 배우면서 살아가지. 그 배움의 여행에서 친절하고 지혜로운 분들을 만난다면, 넌 많은 것을 배울 테고, 그럼 네 인생이 크게 달라질 거야. 그러니 반드시 그런 분들을 찾는 것이 중요하단다. 나도 인생을 살아오면서 그런 사람을 몇 분 만날 수 있었고, 그게 내 인생을 크게 바꾸어놓았거든.

선생님의 질문에 정답을 잘 내놓는 학생과 선생님에게 질문을 던져 답을 요구하는 학생, 어느 학생의 미래가 더 기대될까? 나는 어떤 사람이 되고 싶은지 생각해보자.

∨ 모든 배움은 질문에서 시작된다.

∨ 질문이란 뭔가를 배우고자 하는 호기심과 욕구의 표현이다.

∨ 질문하면서 스스로 답을 찾을 수도 있다.

∨ 질문에 대한 답변을 제대로 얻지 못한다고 해도, 선생님이나 부모님께 궁금한 점을 묻고 대답을 구하며 생각을 넓혀가는 과정은 매우 중요하다.

∨ 누구에게 무슨 질문을 어떻게 하면 좋을까?

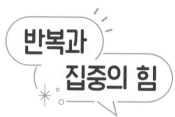

반복과 집중의 힘

배움이 늘 즐거운 것은 아니다. 처음에는 즐거워도 나중에는 어려워지기 마련이다. 하지만 뭔가 제대로 배우려면 늘 일정한 시간 동안 집중해서 배워야 한다. 그렇게 6개월, 1년 동안 습관화해야 기초를 닦을 수 있다. 남에게 보일 정도가 되려면 최소 3년은 지속해야 하고, 직업으로 삼으려면 최소 10년의 세월을 투자해야 한다.

저는 초등학교 3학년 때 피아노를 배웠어요. 처음에는 재미있었는데 3개월 정도 지나자 조금 어려워지더라고요. 그래서 그만두었죠. 조금 어려워지니까 배우기 싫어졌거든요. 그러자 엄마가 첼로를 배우라는 거예요. 미루고 미루다 5학년이 되었을 때 첼로를 배우기 시작했지만 그것도 얼마 지나지 않아 그만뒀어요. 그렇게 중학생이 되었는데, 갑자기 기타를 치는 사람들이 멋있게 보이더라고요. 그래서 배우기 시작했는데 그것도 조금 수준이 올라가자 잘 안 돼서 그만뒀죠. 한마디로 어느 것 하나도 제대로 배우지 못한 거예요. 그게 좀 후회가 돼요. 피아노 하나라도 잘 칠 수 있다면 좋을 텐데. 이렇게 중도에 그만두는 건 제게 문제가 있는 거죠? 인내심이 부족해서인 것 같은데……, 아니면 피아노나 첼로 같은 악기들이 제 적성에 맞지 않았던 걸까요?

글쎄다. 우선 네가 정말로 배우고 싶은 것을 배워야겠지만, 아무리 좋아하는 것일지라도 배움의 과정이 늘 즐거운 건 아니란다.

제가 그럼 정상인가요? 그렇다면 어떻게 해야 뭔가를 제대로 배울 수 있을까요?

물론 정상이지. 내 이야길 들어볼래? 내가 중학교 2학년 때였으니까, 열다섯 살쯤 되었을 거야. 당시 우리 집은 그리 넉넉하지 않았어. 공부방도 따로 없어서 저녁을 먹고 식구들이 앉아 텔레비전을 보고 있으면 공부할 수가 없었지. 그래서 난 저녁마다 일찍 잠을 자기로 했단다. 그럼 아침 4시나 5시에 일어날 수 있고, 그 시간에는 식구들이 모두 자고 있어서 나만의 조용한 시간을 가질 수 있었거든. 당시에는 책상이나 의자가 없어서 아침에 일어나면 가장 먼저 접이식 밥상을 꺼내 다리를 편 다음 수건에 물을 묻혀 깨끗이 닦곤 했단다.

접이식 밥상을 공부 책상으로 썼다고요? 와, 그런 데서 공부가 되나요?

배움에서 중요한 건 마음가짐이야

 사실상 밥상이건 제사상이건 상관은 없단다. 배움에서 무 엇보다도 중요한 건 마음이지. 나는 공부를 시작하기 전에 청소를 하거나 주변 정돈을 했단다. 그럼 마음이 차분해져서 집중이 잘됐 거든. 걸레질을 하는 중에 정신이 깨고 마음이 정돈되어 그때 공부 를 시작하면 훨씬 잘된다는 걸 깨달았어. 그래서 중학교 2학년 이 후 난 지금까지 새벽에 일어나서 뭔가를 시작하기 전에 꼭 책상을 닦거나 방을 청소하거나 서류를 정리하곤 해. 그러다 보면 정신이 깨어나서 똑같은 걸 해도 성과가 더 좋았어. 그게 습관이 되었고, 지금까지 이어오고 있지. 너도 무언가 시작하기 전에 청소를 하거 나 주변 정돈을 해보렴. 분명 더 좋은 결과가 나올 거야.

그래요? 저도 한번 시도해봐야겠네요.

나는 그렇게 마음의 준비를 한 뒤 공부를 시작했어. 매일 새벽 5시면 중학교 1, 2학년 수준의 영어 문법책을 읽었어. 왜 그랬 는지 기억이 잘 나지 않지만 아마 영어를 공부하고 싶었고, 영어를 잘해야겠다는 생각이 있었던 것 같아. 하지만 처음 영어 공부를 시 작할 무렵에는 기초가 전혀 없어서 아무것도 이해할 수 없었단다.

배움의 주인은 바로 너희란다

아무것도 이해하지 못했다고요? 그런데 어떻게 계속 그 공부를 할 수 있죠?

거기에 배움의 신비가 있는 거야. 아무것도 몰라도 배울 마음만 있으면 배울 수 있다는 거지. 인간은 진정 배우고자 하는 것은 무엇이든 배울 수 있단다. 나는 그 문법책을 거의 이해할 수 없었지만, 처음부터 읽기 시작했어. 아 참, 책에 관해서도 한마디하고 넘어가야겠다. 책도 잘 골라야 해. 내가 영어책을 고르기 위해 서점에 갔더니 여러 종류의 중학교용 문법책이 있었어. 먼저 나는 가장 쉬운 편에 속하는 책들을 골랐어. 기초가 전혀 없으니까. 그리고 그중에서 다시 디자인이나 모양이 마음에 드는 한 권을 선택했지. 책이 마음에 들어야 공부하고 싶은 마음이 들 테니까. 몇 개월 이상 오랫동안 읽을 책인데 마음에 들면 더 좋잖아.

그렇군요. 이왕이면 뭐든 마음에 드는 책을 고르라는 말씀이군요.

그렇지. 그런 뒤 서점에서 산 그 영어 문법책을 새벽이면 일어나 읽기 시작했어. 거의 하루도 거르지 않고 매일 한두 시간씩 읽었단다. 처음에는 거의 아무것도 이해할 수 없었지만, 신기하게도 일주일 정도 읽으니까 조금씩 이해가 되기 시작하더구나. 그리고 한 달쯤 읽으니까 내용을 대체로 이해할 수 있었고, 3개월쯤 지나니까 그 문법책이 너무나 익숙해져서 정말 빠른 속도로 읽을 수 있었어. 6개월쯤 지났을 때는 책 전체의 내용을 거의 외우게 되었고. 그때 영어 문법을 거의 익힌 것 같아. 지금도 그때 공부했던 것들은 뚜렷하게 기억이 나. 기억력이 좋은 나이였고, 또 워낙 여러 번 반복해서 읽었으니까.

 같은 책을 그렇게 여러 번 보면 지겹지 않은가요?

매일 일정한 시간에 공부해보렴, 놀라운 경험을 하게 될 거야

지겨울 때도 있었지. 그래서 매일 일정한 시간에 공부하는 것이 도움이 된다는 거야. 매일 일정한 시간에 영어 공부를 하다 보면 지겹다는 생각이 들지 않고 그냥 당연한 일과로 생각되거든. 이게 반복의 힘이야. 그 시간만 되면 자동적으로 두뇌가 배울 준비를 하는 거야. 그럼 별다른 노력을 하지 않아도 그 시간이 되면 '집중'이 되거든. 그렇게 다른 것들로부터 아무런 방해를 받지 않게 되면 뇌는 무서운 능력을 발휘해. 그게 바로 집중력의 신비란다. 인간은 집중하기만 하면 엄청나게 어려운 것도 배울 수 있어.

일정한 시간에 공부하는 습관이 집중을 돕는다는 거군요.

그렇지. 어떤 것을 배울 때 집중력은 정말 중요해. 아무리 머리가 뛰어나게 좋은 사람도 집중력이 없으면 아무것도 배울 수가 없어. 한편 머리가 좋지 않아도 집중력 있는 사람은 많은 것을 배울 수 있지. 그러니까 머리가 나쁘다고 조상 탓을 할 필요는 없어. 인간의 두뇌는 너무나도 훌륭하니까. 집중할 수만 있다면 배우기 위한 준비는 거의 다 된 셈이지. 그 영어 문법책의 분량이 100쪽 정도였는데, 매일 다섯 쪽씩 읽어도 20일이면 완독할 수 있어. 하지만 두 번째 읽으면 이해한 부분은 빨리 지나갈 수 있어서 하루에 일곱 쪽 정도는 읽을 수 있게 되고, 그러면 14일이면 끝까지 정독을 할 수 있게 돼. 그 이후에는 더 빨리 읽게 되어 10일이면 완독을 할 수 있고, 그 뒤에는 일주일이면 전체를 읽을 수 있게 되지. 이런 식으로 6개월이 지나니까 책 내용을 모두 외우게 되었단다. 영어의 기초 문법이 내 머릿속에 다 들어온 거지. 여기서 중요한 사실은 6개월 전에는 아무것도 이해할 수 없었던 영어 문법을 6개월 후에는 완벽하게 이해하게 됐다는 거야.

어떤 것을 배울 때 반복이 중요하다는 거군요. 몇 번이나 반복하면 좋은가요?

배움의 종류에 따라서 다르겠지. 그러나 대체로 수십 번이나 수백 번 반복해야만 제대로 배울 수 있다는 건 공통된 사항이야. 예를 들어 영어 단어 하나를 외우는 데 바보가 아니라면 다섯 번 정도만 반복해도 되지만, 언어학자들에 따르면 그 단어를 잊어버리지 않고 자동적으로 머리에서 나오게 하려면 500번은 반복해서 사용해야 한다고 해. 예를 들어 네가 'boy'란 단어를 잊어버리지 않았다면 그건 네가 지금까지 그 단어를 500번 이상 사용했다는 뜻이라는 거야.

한 단어를 온전히 내 것으로 만들기 위해서는 500번이나 사용해야 한다는 거군요. 정말 놀라워요.

무엇이든 제대로 배우려면 3년 이상 배워야 해

반복이 그래서 중요한 거야. 다른 예를 들어볼까? 목수가 제대로 못질을 배우려면 몇 번이나 못질을 반복해야 할까? 하루에 열 번 못질을 한다고 해보자. 그럼 1년에 200일 일한다고 치면 2,000번 하게 되고 3년을 일한다면 6,000번 정도 못질을 하게 되겠지. 대체로 어떤 일에 익숙해지는 데 최소 3년에서 10년이 걸린다고 하니, 목수가 못질을 배우려면 최소한 6,000번에서 2만 번 정도의 못질을 해야 한다는 거야. 그렇게 해도 최고의 목수가 될 수 있는 게 아니라, 그제야 목수로서 기본적인 동작을 익히게 된다는 거지. 처음에는 지루할 수 있지만 반복의 습관은 매우 신비한 힘을 갖고 있단다. 처음에는 지루하다가도 한 달 두 달 계속하다 보면 습관이 되는데, 배움의 습관이 생기면 하루라도 하지 않으면 오히려 조금 어색하고 찝찝한 기분이 든단다.

 그럼 영어 공부를 언제까지 그렇게 하셨나요?

 영어를 위한 영어 공부는 고등학교 때까지 했지. 그 뒤로 대학에 들어가서는 영어로 소설을 읽거나 철학책을 읽었으니, 영어로 다른 공부를 한 거라고 할 수 있어. 그러니까 대학 시절부터 박사학위를 마칠 때까지 15년 정도 하루 서너 시간씩 영어로 된 문학과 철학 관련 글을 읽었으니, 시간으로 따지면 최소한 1만 시간 정도는 한 셈이지. 물론 영어 공부에 시간을 투자한 것이 아니라 내 전공인 철학 공부에 투자한 것인데, 철학을 영어로 공부했으니 일거양득이었지. 자랑처럼 들릴지도 모르겠지만, 어쨌든 뭔가를 배우기 위해서는 반복과 집중의 습관이 필요하다는 거야.

 걱정 마세요. 선생님 자랑도 다 귀담아들을게요. 큭큭.

어쨌든 뭐든 제대로 배우려면 늘 일정한 시간에 반복적으로 집중력을 가지고 3년 이상은 배워야 한다는 것 잊지 마. 그래서 배움의 과정이 쉽지만은 않다고 하는 거야. 하지만 습관이 되면 그리 어려운 일도 아니야.

✦✦ 오늘의 대화 생각해보기 ✦✦

아무리 좋아하는 것일지라도 오랫동안 배우려면 대단히 힘이 든다. 매번 무엇이든 끝까지 배우지 못하고 중도에 포기해왔다면, 배움을 유지할 수 있는 나만의 방법을 찾아보자.

∨ 머리가 좋은 사람도 집중력이 없으면 아무것도 배우지 못한다.

∨ 전혀 이해하지 못했던 것도 반복하면 배울 수 있다.

∨ 디자인이 예쁜 문제집이나 책을 고르는 것처럼, 배움을 북돋을 나만의 방법에는 무엇이 있을지 생각해보자.

∨ 배움은 힘이 든다. 하지만 습관이 되면 적은 노력으로도 배울 수 있다.

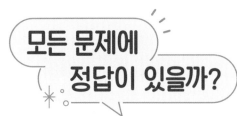

모든 문제에 정답이 있을까?

아이들은 시험을 보면서 늘 정답을 찾아왔기 때문에 자연스럽게 모든 문제에는 하나의 정답이 있다고 믿는다. 그런데 놀랍게도 대부분의 문제에는 정답이 없다. 아이들은 정답을 찾아야 한다는 강박에서 해방되어야 한다. 그래야 스스로 생각하는 힘을 가질 수 있다.

국어 수업 중에 있었던 일이에요. 선생님께서 칠판에 시한 편을 적으셨어요. 그러고 나서 한 구절 아래 밑줄을 긋고서는 밑줄 친 구절의 뜻을 물으셨죠. 손을 드는 학생이 없자 선생님은 저를 지목하셨어요. 갑작스러운 질문에 저는 떠오르는 대로 제 생각을 말했죠. 하지만 제 대답은 정답이 아니라면서 구절의 뜻을 설명해주셨어요. 나중에 알고 보니 선생님이 말씀하신 정답은 자습서의 설명과 똑같았어요. 그 사실을 안 순간 저는 묘한 감정에 사로잡혔죠. 어떻게 시인의 마음을 이렇게 한 가지로 해석할 수 있을까? 정말 궁금했어요.

자습서의 위력은 정말 놀라운 것 같아요. '자습서'는 문자 그대로 풀이하면 '스스로 공부하는 책'이잖아요.

게다가 선생님이 물어보는 것에 대한 모든 대답이 들어 있으니 정말 대단한 책 아닌가요? 심지어 시인의 마음조차 의심할 여지 없이 다 꿰뚫어 보고 있잖아요. 하지만 그 일 이후로 자습서에 있는 정답을 그대로 외우는 건 뭔가 문제가 있다는 생각이 들었어요.

'내가 그 시를 읽고 받은 강렬한 느낌과 생각은 과연 무엇인가? 그 느낌과 생각이 정답이 아니라면 그저 쓸데없는 생각에 불과한 것인가? 아니면 좀 부족한 답인 건가? 자습서의 정답은 누가 만든 걸까? 그 답은 과연 정말 정답일까? 답은 반드시 하나만 존재하는 걸까? 과연 정답이 존재하기는 하는 걸까? 아니면, 나는 정말 엉뚱한 생각만 하는 바보일까?'

이런 생각들이 이어지니, 답답하기도 하고요. 선생님께서는 어떻게 생각하세요?

 쉽게 대답하기 어려운 문제구나. 동시에 철학적인 질문이기도 하고. 그럼 좀 어려워도 내 이야기를 한번 들어보겠니?

네. 말씀해주세요.

정답이 여러 개인 문제도 있어

단도직입적으로 말하면 내 대답은 '정답이 있는 문제도 있고 정답이 없는 문제도 있다'는 거야. 그리고 '정답에도 높은 수준, 낮은 수준의 정답이 있다'는 거고. 무슨 말인지 알아듣기 어려울지도 모르겠구나. 과목별로 보면, 수학은 논리적이고 필연적인 세계에 관한 것이어서 가장 정답다운 정답이 있는 과목이라고 할 수 있어. 즉 반박의 여지가 없는 정답이 존재한다는 거지. 예를 들어 '1 + 2 = ?'에서 정답은 3이지. 우리가 '1', '2', '+', '=' 등의 용어가 무슨 뜻인지 그 개념을 알고 있다면 정답은 반드시 3이라는 거야. '직각삼각형에서 한 내각이 60도이면 다른 내각은 몇 도인가?'라는 물음에서 그 정답은 30도야. 삼각형은 정의에 따라 내각의 합이 180도인데, 한 각이 90도, 다른 한 각이 60도라면, 당연히 나머지 한 각은 30도가 되는 거지. 하지만 내각의 합이 180도인 삼각형은 실제 세상에는 존재하지 않고 오직 논리적인 세계에만 존재해. 그 누구도 내각이 180도인 삼각형은 그릴 수 없어. 그러나 순수한 마음의 세계에서는 그러한 삼각형을 상상할 수 있고 그러한 논리적 상상의 세계에서는 내각의 합이 180도가 되는 거지.

 수학은 순수한 논리의 세계이고, 논리적 세계에는 정답이 존재한다는 것인가요?

그래. 하지만 그러한 논리의 세계가 정말 존재하는 세계인가 아닌가에 관한 철학적 질문은 할 수 있어. 즉 그것이 그저 우리가 상상으로 만들어낸 허구의 세계인지, 아니면 자연과 우주의 영원한 법칙을 반영하는 실제적 존재인지 말이야.

너무 어려운 주제인 것 같아요. 그럼 과학은 어떤가요? 과학에도 정답이 있나요?

수학 다음으로 정답이 존재한다고 할 수 있는 교과가 과학이란다. 과학은 자연과 우주에 관해 탐구하는 학문인데, 우리는 자연과 우주가 변함없는 일정한 법칙에 따라 움직인다고 믿고 있어. 그래서 과학자들은 자연의 법칙은 수학의 언어로 표현된다고 주장하지. 그러니 정답이 있다고 할 수 있어. 예를 들어 자연을 반복적으로 관찰해보면 '물은 100도에서 끓는다'든지 '물은 0도에서 언다'든지 혹은 '해는 동쪽에서 뜬다' 등등의 현상을 발견할 수 있잖아. 이런 명제는 자연에 관한 사실로 볼 수 있다는 거야. 즉 '물은 몇 도에서 끓나요?'라는 과학적 질문에는 정답이 있다고 할 수 있지.

하지만 이런 구체적인 현상 이외의 것을 설명하는 과학이론에 이르면, 그리 단순하지가 않아. 예를 들어 '모든 물건은 위에서 아래로 떨어진다. 왜 그런가?' 이 질문의 정답은 뭘까? 물론 우리 대부분은 그 답을 알고 있지. 뉴턴이 발견한 '만유인력의 법칙'이 작용하기 때문이란 걸 말이야. 즉 사과가 아래로 떨어지는 이유는 지구가 사과를 끌어당기기 때문이라는 거지. 사과가 위로 올라가지 않고 아래로 떨어지는 걸 우리는 너무나 당연한 사실로 알고 있지만 왜 그런가에 관해서는 여러 가지 이론이 있어왔고, 지금은 과학자들이 만유인력의 법칙으로 설명하고 있단다. 하지만 앞으로 과학이 더 발달한다면 더 나은 이론이 등장할 수도 있고, 그 이론이 사과가 떨어지는 현상을 좀 더 잘 설명할 수 있을지도 몰라. 그렇다면 우리는 우주의 현상에 관해서는 알지만 우주의 본질에 관해서는 잘 모르고 있고, 그저 지금 할 수 있는 최선의 설명을 하는 것뿐인 거지. 즉 엄격하게 말하자면 과학이론에 있어서는 정답이 존재한다기보다는 우주에 관한 가장 좋은 설명을 우리가 정답으로 간주하고 있다고 할 수 있어. 다시 말해 과학자들이 내놓은 여러 가지 설명 가운데 가장 단순하고 명쾌한 설명을 우리는 정답으로 간주하고 있는 거지.

'과학의 현상에 관해서는 정답이 있다. 하지만 과학이론에서는, 수학과 달리 하나의 절대적인 정답이 있는 게 아니라 최선의 설명이 있을 뿐이다. 따라서 과학이 발달하면 더 나은 설명이 나올 수도 있다' 뭐, 이렇게 요약할 수 있는 건가요?

그래. 네가 잘 정리해줬구나. 그렇다면 나머지 과목, 즉 국어나 사회, 심리학과 역사 등의 교과에는 정답이 있을까, 없을까, 네 생각은 어떠니?

글쎄요. 제 느낌에는 정답이 없을 것 같은데요?

(정답이 없는 문제도 있지)

대부분의 인문사회 과목, 즉 사회, 국어, 심리학, 인류학 등은 자연과 우주가 아니라 인간이나 인간사회에 관한 학문이란다. 논리나 자연의 세계와는 달리, 인간이나 인간사회에 관한 물음에 대해서는 대체로 정답을 찾기가 어렵지.

하지만 아주 단순한 사실에 관한 질문에는 정답이 있다고 해야겠지. 예를 들어 '태국의 수도는 어디인가?'라는 질문에는 정답이 있어. 누가 봐도 정답은 '방콕'이잖아.

한편 조금 덜 단순한 질문으로 들어가면 하나의 정답이 있다고 하기가 어렵단다. 예를 들어 '6.25 전쟁이 왜 일어났는가?' 혹은 '한국의 민주주의를 이끈 힘은 무엇인가?' 등의 질문에 대해서는 단하나의 정답이 있다고 생각하기 정말 어려울 거야. 당연히 여러 가지 대답을 할 수 있고 어느 답이 더 나은 답인지 논쟁이 벌어지겠지. 그래서 이러한 교과에는 과학보다 더 낮은 수준의 정답이 존재한다고 하거나, 아니면 아예 정답이 없다고 하는 편이 나을 거야.

대체로 인문사회 과목에서의 정답이란 '옳은 답'이라는 뜻이 아니라 '여러 가지 답 중에서 학자들 다수가 찬성하는 답'이라는 뜻이란다. 그래서 사실상 정답이 없다고 하는 편이 더 정확해. 그러니 네가 국어시간에 선생님에게서 들은 답은 사실상 정답이라기보다는 여러 가지 답 가운데 하나고, 학자들 다수가 찬성하는 답이라는 뜻이야.

하지만 모든 과목에서 시험을 치르고, 시험은 반드시 정답을 요구하잖아요?

그게 바로 현실이지. 학교에서는 사실상 정답이 없는데도 정답이 있는 것처럼 가르치고 배우는 경우가 많아. 오래전에 초등학교 시험에 이런 문제가 나온 적이 있단다. '학교에서는 누가 청소를 하나요?' ① 학생, ② 교사, ③ 시설 관리자, ④ 마을 주민. 너는 여기에 정말 정답이 있다고 생각하니?

글쎄요. 저희 학교에서는 대체로 학생들이 청소를 하고 선생님들이 감독을 하거나 가끔 도와주는 것 같은데요.

하지만 청소는 학생도 할 수 있고 선생님도 할 수 있고 시설 관리자, 학부모 등 누구든 할 수 있는 거잖아? 그래서 학교마다 다른 답이 나올 수 있겠지. 그럼 질문을 좀 바꿔보기로 하자. '학교에서 누가 청소를 하나요?'가 아니라 '학교에서 누가 청소를 해야 하나요?'라는 질문으로 바꾸면 이 질문에는 정답이 있을까?

그러니까 학생들만 청소를 하는 학교, 교사들만 청소를 하는 학교, 직원들만 청소를 하는 학교, 아님 마을 주민들이 청소를 해주는 학교 중 어느 학교가 가장 좋을까, 뭐 이런 질문으로 바꿔서 생각해보라는 말씀이죠?

그래. 그렇지.

그야 학생들이 청소를 하지 않고 선생님이나 직원들이 하는 학교가 가장 좋은 학교가 아닐까요? 물론 청소하는 직원이 많은 학교는 분명 학비가 비쌀 거예요. 그렇다면 선생님과 마을 주민들이 청소하는 학교가 더 나은 학교일 것도 같은데요. 하지만 솔직히 말하자면, 선생님과 학생들이 함께 청소하는 학교가 가장 좋을 것 같아요. 그래야 선생님과 학생들이 서로 공동체 의식을 갖게 될 테니까요.

네 생각도 일리가 있어. 하지만 생각에 따라 선생님들은 학생들을 가르치고 그 외에도 일이 많으니, 학생과 직원들이 청소를 하는 학교가 더 낫다고 할 수도 있지 않겠니? 그러니 내 생각에는 이 질문에는 하나의 정답이 있는 게 아니라는 거야. 오히려 이런 질문은 답이 아니라 우리의 '선택'을 요구하는 것이라고 볼 수 있어. 어떤 학교를 원하는지에 따라 답이 달라지겠지.

그렇다면 왜 학교는 정답이 없을 때도 정답이 있는 것처럼 요구하나요?

솔직하게 말하자면 그게 편리하니까 그러는 거란다. 주관식 시험보다는 객관식 시험이 출제하고 채점하기가 편하니까 그렇게 하는 것과 마찬가지야. 제대로 하자면 대부분의 시험을 주관식으로 출제하는 게 더 바람직할 거야. 특히 국어, 사회, 역사 등의 과목에는 하나의 정답을 요구하기보다는 자신이 생각하는 답과 그 이유에 관해서 주관식으로 쓰게 하는 것이 더 좋은 교육 방법이겠지. 그리고 실제로 프랑스를 비롯한 몇몇 나라에서는 객관식 시험이 아니라 주관식으로 이런 과목의 시험을 치고 있단다.

아, 그렇군요. 하지만 친구들이 그걸 좋아할지는 모르겠네요. 주관식 시험을 무척이나 부담스러워하거든요. 선생님뿐만 아니라 학생들도 거부할지 몰라요.

하하, 그렇구나. 그렇더라도 객관식 시험을 보면 하나의 정답만 찾게 되는데, 그게 절대적인 정답은 아니라는 사실을 우리 모두 알고 있어야 하지 않을까?

맞아요. 만일 하나의 정답만 있다고 생각하면 결국 그 정답을 찾아 외우기만 할 테고, 그 밖에 여러 가지 답도 있을 수 있다는 것을 더는 생각하지 않게 되니까요.

인생의 중요한 문제에는 정답이 없어. 선택이 있을 뿐!

그게 문제란다. 그런 식으로 정답이 있다고 생각하고 외우기 시작하면 네 두뇌는 발달을 멈춰버릴 거야. 암기능력을 넘어서서 비판하고 분석하고 판단하는 능력이 발달하지 않을 거라는 거지. 바로 이게 우리나라 교육의 가장 큰 문제점으로 지적되고 있어. '생각하는 힘'을 길러주지 못하는 교육 말이야. 그래서 너희들은 단순 암기와 기억을 넘어서려는 습관을 길러야 해.

더욱이 사회, 국어, 역사 등의 인문사회 교과에서 정답이란 여러 가지 가능한 답 중 하나이기 때문에, 답을 외울 게 아니라 그 답이 왜 다른 답보다 나은 답인지 그 근거와 이유를 따지는 습관을 길러야 해. 네가 의문을 품었던 그 시 구절 역시 하나의 해석만 가능한 게 아니라 여러 가지로 해석할 수 있다는 거지. 시가 일단 발표되고 나면 그에 관한 해석은 시인의 마음이 아니라 오히려 그 시를 읽는 독자의 마음과 선택에 달려 있거든. 그런 의미에서 네가 국어 시간에 발표한 답은 틀린 답이 아니라, 아주 좋은 답이야. 그러니까 앞으로도 기죽지 말고 네 생각을 이야기해도 돼.

 하지만 그건 학교에서 쉽지 않아요.

물론 쉽지 않지. 하지만 학교에도 네 생각을 존중해주고 암기를 넘어 새로운 사고능력을 중요시하는 선생님들이 분명 계실 거야. 그런 분들을 찾아가야겠지. 그리고 교육은 오로지 학교에서만 이뤄진다는 생각을 버려야 해. 학교 밖에서도 여러 가지 체험과 독서를 통해 사고의 폭을 넓힐 수 있다는 것 잊지 마. 성적도 중요하지만, 더 중요한 건 네 인생을 행복하게 살아가도록 돕는 판단능력과 지혜이기 때문이야.

대부분 인생의 중요한 문제에는 정답이 없단다. 예를 들어 사랑과 결혼, 일과 직업에서는 정답이 존재하지 않아. 우리 모두에게 딱 들어맞는 하나의 정답은 없어. 각자에게 맞는 답을 찾는 것이 중요하다는 이야기야. 이를 좀 더 정확히 말하자면, 정답이 아니라 우리의 '선택'이라 할 수 있어. 우리는 인생을 살아가면서 늘 선택을 해야 하고, 왜 그런 선택을 했는지 그 이유를 생각해야 해. 그런데 학교에서 늘 정답을 찾는 습관에 익숙해지다 보면 스스로 원하는 선택을 하지 못하고 늘 어디엔가 정답이 있을 거라고 믿게 될 수 있어. 또 스스로 선택한 답이라 해도 확신을 갖지 못할 수 있고. 이 점을 꼭 기억하렴.

✚✚ 오늘의 대화 생각해보기 ✚✚

학교 공부에서 중요한 것은 정답을 외우는 것이 아니라, 가능한 여러 정답 후보 가운데 왜 그것이 정답으로 채택되었는지 그 이유와 근거를 생각해보는 것이다.

∨ 수학에는 정답이 존재한다.

∨ 과학에서는 과학자들이 현재 제시할 수 있는 최선의 설명을 정답이라고 간주한다.

∨ 인문사회 과목에서의 정답이란 '옳은 답'이 아니라 '여러 가지 답 중에서 학자들 다수가 찬성하는 답'이라는 뜻이다.

∨ 정답에 매이지 않고 내 생각을 이야기하는 것이 중요하다.

암기 과목은 없다

과거 인류 역사에서는 지식과 정보를 얼마나 갖고
있느냐가 가장 중요했다. 하지만 누구나 지식과 정보를 쉽게 가질 수 있게 된 지금은 정보
를 기억하는 능력보다 '정보를 판단하고 평가하고 활용하는 능력'이 더욱 부각되고 있다.

공부를 하다 보면 외워서 기억해야 할 게 너무 많아요. 그
런데 저는 외우는 걸 정말 못하겠어요. 친구들은 암기 과목은 무조
건 외우면 되니까 공부하기 쉽다고 하는데, 저에게는 외우는 일이
세상에서 가장 어려워요.

그렇구나. 그런데 사실 외우는 걸 힘들어하는 사람이 너
한 사람은 아니야. 나도 사실 외우는 건 질색이거든.

하하, 선생님도 외우는 걸 힘들어하실 줄은 몰랐어요. 저
와 같다니 위로가 좀 되는데요?

그런데 무조건 외우는 게 능사는 아니야. 우리나라 학교 교육은 암기식이라서 외워야 할 게 많아. 이런 교육 방법이 변해야 한다는 데 교사와 학생 모두가 공감하고 있지.

내가 미국 캘리포니아 주립대학교에서 공부하면서 가르칠 때 한인 학생들을 가까이에서 볼 기회가 많았단다. 한인 학생들은 학원과 과외 등 입시 공부를 열심히 해서 좋은 대학에 많이들 합격했어. 즉 한국인의 명문대 합격률이 높다는 뜻이야. 그런데 한국인 학생들은 대학에서 학년이 올라갈수록 제대로 공부하지 못하고 성적이 떨어지는 거야. 왜냐고? 그야 암기 위주로 공부해왔기 때문에 스스로 생각하는 힘이 없어서지. 미국 대학에서는 늘 토론에 참여해야 하고 자신의 생각을 논문으로 제출해야 하는데, 그런 공부를 한 적이 없으니 어려울 수밖에. 그래서 한인 학생들은 간신히 대학을 졸업하긴 하지만 대학원 진학률은 형편없다는 거야. 암기 위주로 공부해서는 장기적인 전망이 없다는 뜻이기도 하지.

MIT와 더불어 세계 최고의 공과대학 중 하나인 캘리포니아 공과대학에서 박사학위를 받으신 Y 박사님과 자주 만났는데, 그분도 나와 같은 생각을 털어놓더구나. 그 박사님이 캘리포니아 공대 물리학과 박사과정을 할 때인데, 한국인 학생들은 정말 공부를 잘하더래. 미국 학생들은 거의 풀지 못하는 미분·적분 문제를 척척 풀어내더라는 거야. 그런데 재미있는 일은, 물리학과 교수님이 미분이 도대체 무엇인지 적분이 무엇인지 물어보면, 미국인 학생들은 대답을 하는데, 한국인 학생들은 아무 대답을 못 하더라는 거야. 즉 한국인 학생들은 미분과 적분의 개념을 충분히 이해하지 못하면서도 문제 푸는 요령을 암기해 풀어낸 거지. 그래서 한국인 학생들은 대학원 코스워크(여러 과목을 이수하는 2년 정도의 과정)까지는 대체로 우수한 성적을 낸대. 그런데 그 박사님의 고백에 따르면, 그 과정 이후에 스스로 연구 주제를 정해서 연구를 하는, 그러니까 박사 논문을 쓰는 시기에는 어떻게 해야 할지 몰라 헤맨다는 거지. 그래서 졸업 후 10년이 지나 함께 공부했던 친구들이 세계적인 연구 성과를 내고 노벨상 후보로 오를 때, 여전히 스스로 연구하는 걸 힘들어하며 헤맨다는 거야. 이게 암기 위주의 공부를 했을 때 일어나는 결과라고 하더구나. 성적이 좋고 나쁘고가 문제가 아니라 암기 위주의 공부를 하면 이해력이 떨어지고 이해력이 없으면 제대로 배울 수 없다는 거지.

하지만 우리나라는 상황이 다르잖아요. 외우기만 잘해도 대체로 성적이 잘 나와 좋은 대학에 갈 수 있잖아요. 그리고 좋은 대학 나오면 우리 사회에서는 인생에 별다른 문제가 없고요.

암기능력만으로는 인생의 어려움과 인류 과제를 해결할 수 없어

글쎄다. 외우기만 잘해도 좋은 대학에 갈 수 있는 게 사실이라면 대학 시험이 잘못된 건 아닐까? 무엇보다 우리 인생살이가 외워서 풀어갈 수 있는 게 아닌데 말이야. 인생은 학교에서 공부하고 시험 치는 것과는 상당히 달라. 예상할 수 없는 많은 고통과 어려움이 닥쳐오는데, 단순한 암기능력만으로는 그런 고통과 어려움을 해결할 수 없지. 고통과 어려움을 분석하고 문제를 해결할 수 있는 또 다른 능력이 반드시 필요해. 한번 생각해보렴. 인생을 잘 살아가려면 어떤 능력이 필요할 것 같니?

잘 살아가려면 암기력 외에도 판단력 같은 게 필요할 것 같아요. 공부는 잘하는데 분위기 파악에는 영 꽝이거나 인간관계에 상당히 서툰 친구들이 있잖아요. 그런 친구들은 살아가면서 실수가 많을 것 같아요.

그래. 한마디로 말하면 어려운 인생 문제를 해결할 수 있는 '문제해결능력'이 필요하단다. 기억력이 문제해결에 약간의 도움은 주겠지만, 결정적인 역할은 못 하지. 더욱이 너희가 살아갈 세상에서는 기억력이나 암기력이 거의 쓸모가 없을지도 몰라. 과거 수천 년간은 지식과 정보를 얼마나 갖고 있는지가 매우 중요했지만, 이제 인터넷 검색만 하면 누구나 필요한 정보나 지식을 금방 얻을 수 있잖아. 심지어 유튜브 등 인공지능 알고리즘이 내가 좋아하는 분야의 정보를 알아서 추천해주는 시대가 됐지. 그래서 '얼마나 많은 정보를 가지고 있는가'가 아니라 '정보를 어떻게 분류하고 평가할 것인가'가 중대한 문제가 되었다는 거지.

앞으로의 세상에서는 정보를 기억하는 능력보다는 정보를 평가하는 능력이 더 중요하다는 뜻이군요.

그렇단다. 암기 위주의 학습을 해서는 안 되는 이유를 한 가지만 더 생각하기로 하자. 지금 우리 시대에는 핵문제와 환경문제라는 정말 어려운 두 과제가 인류의 생존을 위협하고 있어. 핵전쟁이 일어난다면 우리 모두와 대부분의 생명체는 지구상에서 사라지게 될 거야. 환경문제도 마찬가지란다. 만일 오늘날과 같이 지구온난화와 심각한 오염이 계속된다면 머지않아 인류는 더 이상 지구에서 살아남지 못하게 될 거야. 이런 과제들은 단순한 암기력만으로는 절대 해결할 수 없어. 그래서 어느 때보다도 우리 인류에겐 이러한 과제들을 해결할 수 있는 획기적이고 새로운 아이디어가 절실히 필요해.

무슨 말씀인지 알겠어요. 단순히 정보를 기억하는 능력만으로는 우리가 생존조차 할 수 없으니까 인류의 문제를 해결할 수 있는 창의적인 아이디어가 필요하다는 말씀이군요. 선생님 말씀에 공감은 되는데, 현실을 생각하면 답답해요. 자신이 원하는 대학에 들어가려면 많은 것을 외워야 하죠. 그런데 저는 암기 과목을 잘할 자신이 없어요.

사회나 역사는 암기 과목이 아니라 이해 과목이란다

그런데 그 '암기 과목'이란 말 자체가 난센스야. 사회나 역사 과목이 왜 암기 과목이라고 생각하니? 물론 암기해야 할 것도 있지만, 전체적으로 보자면 그건 암기 과목이라기보다는 인간과 사회에 관한 이해의 과목이 아니니?

하지만 학교 수업에서는 사회나 역사를 대체로 암기 위주나 주입식으로 가르치잖아요!

물론 학생 수가 많고 진도도 맞춰야 하고, 학생들이 학교 교사보다는 학원 강사를 더 신뢰하는 풍토이니, 선생님들이 제대로 수업을 하시기가 어려울 거야. 하지만 어렵다고 해서 하던 대로 하면 아무런 변화도 이끌어내지 못할 거야. 정답을 외우게 하거나 주입식으로 가르치는 수업에 학생들이 흥미를 갖지 못하는 상황에서는 오히려 암기보다는 생각을 유도하는 토론식 수업이나 발표식 수업을 하는 것이 훨씬 더 흥미롭고 효율적이라고 생각해. 암기는 학원이나 온라인 강좌에 맡기고, 학교에서는 한 주제에 관해 깊이 생각하고 토론하고 발표하는 학습을 하는 편이 낫지 않을까? 그래야 학교가 학원이나 온라인 강좌와 질적으로 다른 장점을 갖게 될 텐데 말이야.

그러게 말이에요. 어느 선생님 말씀에 따르면 반 아이들의 평균성적에 따라 담임 교사를 평가하기 때문에 선생님들도 성적과 진도를 위해서 암기 위주의 수업을 할 수밖에 없다고 하셨어요.

글쎄다. 그렇다 하더라도 사회나 역사를 암기 과목으로 가르친다는 것은 크게 잘못된 거야. 왜냐하면 그런 과목들은 현재 사회의 문제점은 무엇인지, 우리가 앞으로 어떤 사회를 만들어가야 하는지, 과거의 역사에서 무엇을 배워야 하는지 등 암기를 훨씬 뛰어넘는 깊은 생각과 판단을 요구하는 과목이기 때문이지. 특히 이런 과목들은 앞으로 너희 세대가 우리 사회의 미래를 어떻게 결정해 나갈지에 관한 내용을 포함하고 있어서 정말 중요해. 그리고 현실과 밀접한 관계가 있기 때문에 수업도 얼마든지 더 재미있게 할 수 있지. 이미 그런 방식으로 수업을 하고 계신 선생님들이 있다고 들었는데, 그건 정말 고무적인 일이야.

 저도 그런 선생님에게 배우고 싶어요.

이쯤에서 한 가지 말해두고 싶구나. 내 경험에 따르면, 잘 외우지 못한다고 너무 걱정할 필요는 없어. 나도 너처럼 암기능력이 현저히 떨어지는 편이지만 지금까지 연구하고 학습하는 데 아무런 어려움이 없었거든. 이해할 수 있다면 암기는 자연스레 따라오니까 걱정할 필요가 없어. 좀 시간이 걸리더라도 이해를 중심으로 학습하면 좀처럼 잊어버리지 않게 될 테고, 설사 잊어버린다 해도 이해를 바탕으로 다시 생각해보면 기억을 되살릴 수 있거든. 하지만 이해하지 못한 채 암기 위주로 공부한 건 조금만 시간이 지나도 까마득하게 잊어버리게 되는 법이지. 그러니 이해 중심으로 학습하는 습관이 결국 암기에도 도움이 될 거야.

++오늘의 대화 생각해보기++

우리는 대부분의 공부 시간을 암기하는 데 할애한다. 그런데 중요한 것은 암기가 아니다. 암기를 잘해서 성적을 잘 받아 좋은 대학에 간다고 해도 해피엔딩이 기다리고 있는 것은 아니다. 그렇다면 도대체 어떻게 공부해야 하는 것일까?

∨ 사회와 역사는 암기하지 않고 이해를 바탕으로 공부해야 한다.

∨ 이해하기 위해서는 수업시간에 선생님이 알려주지 않는 것을 궁금해하고 스스로 근거를 찾을 수 있어야 한다.

∨ 청소년들이 살아갈 미래에는 지금 시대와는 전혀 다른 문제들이 발생할 것이다. 단순히 정보를 기억하는 암기력만으로는 이 문제를 해결할 수 없다. 창의적인 아이디어가 필요하다.

과학을 포기한 학생들에게

과학은 우리의 생명과 생명의 근원에 관한 지식이다. 그래서 누구나 과학을 공부해야 하고 또 공부할 수 있다. 그런데 학교는 생명에 관해 가르치지 않고 그저 정답만 외우도록 요구한다. 과학 시간에는 과학 공식이 아니라 생명에 대한 경외를 가르쳐야 한다.

선생님, 저는 이미 오래전에 과학 수업에 대한 흥미를 잃었어요. 과학은 도무지 따라갈 수가 없더라고요. 제가 과학에 관한 머리가 부족해서 그런 건 아닐까요?

언젠가 화학 수업시간에 선생님이 칠판에 원자 구조를 그림으로 그리셨어요. 그러고는 이 세상의 모든 물질은 결국 원자로 구성돼 있고 원자 모양은 이렇다고 설명해주셨어요. 그런데 선생님이 이렇게 덧붙이시는 거예요. 원자는 눈에 보이지 않을 뿐 아니라 현미경으로도 볼 수 없다고요. 갑자기 궁금해지더라고요.

'원자는 현미경으로도 볼 수 없다면서, 원자가 저런 모양을 하고 있다는 건 어떻게 알 수 있었을까?'

너무나도 궁금해서 결국 선생님께 질문했어요.

"선생님, 원자의 모양을 보신 적이 있나요? 저런 모양이라는 걸 어떻게 아시죠?"

그 선생님은 성품이 온화하신 분이신데, 전혀 화를 내지 않으시고 이렇게 대답해주셨어요.

"물론 나도 본 적은 없단다. 우리가 배우고 있는 모든 책에 그렇게 적혀 있는 걸 나는 그저 전달하는 거란다."

 그 선생님은 참 솔직한 분이시네. 너희들이 배우는 교과서나 참고서에서는 원자의 모양이 그런 모양일 가능성이 크다는 추론에 대한 근거는 다루지 않을 거야. 워낙 광범위하고 내용이 복잡해서 지금 수준에서는 이해하기가 어렵거든.

아, 그래서 선생님도 자세한 설명은 하지 않고 그냥 교과서에 그렇게 나와 있다고만 말하고 넘어가신 걸 수 있겠네요. 그래도 전 도무지 이해가 안 되더라고요. 원자를 본 적도 없는데 원자 모양을 배우고 또 외워야 한다니. 그때부터 화학은 아예 포기했어요. 다른 과학 과목도 사정은 비슷해요. 생물은 조금 알아들을 수 있었지만요. 아무래도 제가 과학 머리가 부족한 탓이겠죠?

글쎄다. 네 두뇌가 과학을 이해하기 어려운 두뇌인지 아닌지는 잘 모르겠구나. 물론 수학이나 과학을 좀처럼 이해하지 못하는 사람들도 있고, 거꾸로 수학이나 과학은 잘하는데 음악이나 미술은 전혀 이해하지 못하는 사람들도 있단다. 사람들은 서로 다른 능력을 가지고 태어나거든. 그러니 네가 수학과 과학 지능이 낮은 편이라면 그 과목을 공부하는 데 어려움을 느낄 거야.

 아무래도 전 과학적 두뇌를 타고나진 않은 것 같아요.

하지만 그렇지 않을 가능성도 있어. 어쩌면 과학 공부 방법이 잘못돼서 그럴 수도 있거든. 만일 일상생활에서 경험하는 것들에 대한 네 호기심에서 출발해서 직접 관찰이나 실험을 하면서 그 현상에 대한 과학적 이해를 높여갔다면 너도 과학에 흥미를 보였을지 몰라.

예를 들어 어떤 물건을 위에서 아래로 던졌을 때 가속도가 높이에 따라 달라지는지 알고 싶다면, 높이에 따라 달라지는 충격을 실험해보면 되겠지. 쉽게 말해 50cm, 1m, 1.5m, 2m, 2.5m 높이에서 각각 물건을 떨어뜨려보고, 친구가 떨어뜨리는 것을 관찰하기도 한다면 이해하기 쉬울 거야. 또 무게에 따라 가속도가 달라지는지 알고 싶다면 각기 다른 무게의 물체를 떨어뜨리면서 관찰하면 결과를 알 수 있겠지. 사실 나는 어릴 때 높이에 따라 그 충격이 어떻게 달라지는지 알고 싶어서 직접 뛰어내려봤단다. 물론 뛰어내려도 다치지 않을 정도의 높이에서 말이야.

하지만 학교에서는 이런 실험을 할 수 없을 거야. 아이들이 과학을 지루해하고 거부감을 느끼는 건 과학적 사고능력이 부족해서 일 수도 있겠지만 오히려 과학 수업 방법이 잘못돼서 일 때가 많아. 과학적 사고능력이 뛰어난 사람뿐 아니라 너나 나 같은 보통 사람도 과학에 흥미를 가질 수 있게 해줘야 과학 수업을 제대로 한다고 말할 수 있거든.

 그럼 과학 수업이 재미있을 수도 있다는 뜻인가요?

(아인슈타인도 우리나라 과학 수업은 어려워할 거야)

물론이지. 원래 과학이란 참 흥미로운 분야란다. 자연과 우주의 신비로움을 경험하게 해주는 학문이지. 그리고 과학은 우리 인간의 일상적 삶이 우주의 신비와 바로 연결돼 있음을 깨닫게 해준단다. 그런 의미에서 과학은 위대한 학문임에 분명해. 우주의 신비한 비밀은 광대한 우주와 별 세계에만 있는 게 아니라 우리가 일상에서 만나는 하나의 꽃, 나무, 벌레, 돌, 숲 등에서도 언제든지 마주할 수 있단다.

아마 위대한 과학자 아인슈타인도 우리나라 과학 수업을 들었다면 아마 너와 비슷한 처지가 되었을지도 몰라. 그러니 성급하게 네 머리 탓을 할 필요는 없단다. 그리고 말이야, 과학자가 되지 않는다고 해도 누구나 과학을 어느 정도는 공부할 필요가 있고, 그래야만 우리 인생이 좀 더 풍성해질 수 있어.

정말 그럴까요? 그럼 저도 늦었지만 과학을 공부할 수 있을까요?

당연하지. 공부에는 시기가 따로 없단다. 빠르고 늦은 게 없지. 인간은 뇌가 죽는 순간까지 계속 배울 수 있단다. 우선 과학을 공부하고자 한다면 일상의 조그만 현상에서부터 출발하는 게 좋을 거야. 우선 호기심이 생기는 현상이 있다면, 그것에 관한 과학적인 설명을 찾아보는 거야. 인터넷 검색도 할 수 있겠고 쉽게 풀이한 좋은 과학 서적들을 사서 볼 수도 있겠지. 그런 식으로 기본적인 것을 공부하고 나면 그때 과학 선생님이나 교수님을 찾아가보는 거야.

선생님, 정말 과학을 공부하면 우리 인생이 풍성해지나요? 구체적으로 어떻게 풍성해진다는 건가요?

과학적 사고는 일상생활에 꼭 필요해

과학은 무엇보다 객관적으로 사고하고 냉철하게 추론하는 능력을 길러준단다. 인간은 누구나 주관적인 감정이나 편견에 빠지기 쉬운 거 알고 있지? 그런데 과학적 사고를 하면 그러한 인간의 약점을 보완할 수 있어. 예를 들어 인간은 자기와 가까운 사람에게는 좀 더 호의적이고, 자기가 싫어하는 사람에게는 호의적이 아니어서, 같은 행동을 해도 다르게 보려는 성향이 있어. 너도 그런 경험이 있을 거야. 네 친구 중에 두 명이 똑같이 나쁜 짓을 했는데, 좋아하는 친구의 나쁜 짓은 장난 정도로 간주해서 감싸주고 싶은 반면, 별로 좋아하지 않는 친구가 같은 행동을 하면 매우 나쁜 행동으로 보고 엄격한 규정을 적용하게 되지. 그런데 과학 공부를 통해 확실한 근거 없이는 어떤 결론도 인정하지 않는 태도를 길러두면, 일상 속에서도 쉽게 감정이나 편견에 치우치지 않고 객관적이고 공정한 입장을 취할 수 있어. 그래서 과학적 사고는 일상생활에서도 늘 필요한 법이지. 그런데 우리나라 학생들은 대부분 과학을 무조건 어려운 학문으로만 생각하고 지레 겁을 먹고 달아난단 말이야. 이래 가지고서야 앞으로 너희들이 어떻게 공정하고 합리적인 시각을 가질 수 있겠니?

과학 공부를 잘 못한다고 해서 과학 분야에 재능이 없다는 뜻은 아
니다. 그러니 흥미를 끌 수 있는 것에서부터 시작해보자.

∨ 과학 공부가 어렵다면 어쩌면 공부 방법이 잘못되었기 때문
일 수 있다.

∨ 교과서에서 벗어나 스스로 흥미를 느낄 만한 과학 교양서나
강의가 있는지 찾아보는 것도 좋은 방법이다.

∨ 과학 공부를 통해 확실한 근거 없이 판단하지 않는 태도를 길
러두면 객관적이고 합리적인 판단을 할 수 있게 된다.

;

"진정으로 원하면
무엇이든 배울 수 있다는 것을 잊지 마렴"

"인간은 진정으로 원하는 것은 무엇이든 배울 수 있다."

이것은 미국의 공동체 '팜^{Farm}'의 가장 중요한 슬로건입니다. 20대 초반의 젊은이들이 모여서 아무것도 없는 황무지에 이상적인 공동체를 만들고자 했습니다. 그들은 농사를 지을 줄도, 집을 지을 줄도 몰랐습니다. 그래도 그들은 이곳에 새로운 공동체를 만들겠다는 열망에 가득 차 있었고 농사, 건축, 자연분만 등에 관해 배우고자 하는 열의가 대단했습니다. 그리고 이 젊은이들은 2, 3년도 채 지나지 않아 농사와 건축과 자연분만을 비롯해서 삶의 가장 중요한 지식과 지혜를 배워냈고 그 결과 훌륭한 공동체를 건설할 수 있었습니다.

이 공동체는 UN이 가장 좋아하는 자원봉사자 그룹이기도 합니다. 가는 곳마다 가장 적은 경비로 스스로 집을 짓고 정착하고 어려운 사람을 돕기 때문입니다.

여러분은 진정으로 원하는 것이라면 무엇이든 배울 수 있습니다. 부모님을 탓할 필요도, 여러분의 머리를 탓할 필요도 없습니다. 가진 게 얼마 없어도, 머리가 좋지 않아도, 사람들이 흔히 말하는 배울 '때'가 지났어도, 배우고자 하는 열망만 있다면 얼마든지 배울 수 있습니다. 여러분이 뭔가를 배울 수 없다면 그 유일한 이유는 배우고자 하는 열망이 없기 때문입니다.

그렇기에 배움에 대한 호기심과 배움에 대한 욕구를 회복해야 합니다. 알고자 하는 것이 생기면 거침없이 질문할 줄 알아야 합니다. 지금 아무런 의욕 없이 마음이 병들어 있다면, 열심히 운동하고 집 안과 자신의 방을 열심히 청소하면서 일상의 리듬을 되찾기 위해 노력해야 합니다. 필요하다면 예술활동을 하면서 마음의 상처를 치유해야 할 것입니다.

다시 강조하건대 배우고자 하는 열망이 있다면 뭐든 배울 수 있습니다. 여러분의 두뇌는 어떤 컴퓨터보다도 뛰어납니다. 설령 아무런 기초지식이 없다고 해도 6개월만 매일 읽으면 알게 됩니다. 컴퓨터 프로그래밍도 배울 수 있고 건축설계도 배울 수 있고, 요리도 배울 수 있고, 농사도 배울 수 있습니다. 여러분에게 필요한 것은 배우고자 하는 열망입니다. 사는 동안 잊지 말고 늘 기억하기 바랍니다. '인간은 진정으로 원하는 것은 무엇이든 배울 수 있다'는 것을.

Part 3

자기 발견의
고통과 기쁨

대학 가기 전에 생각해야 할 것들

고등학교를 졸업하면 정해진 수순인 것처럼 무조건 대학에 가야만 하는 걸까? 그게 바람직할까? 대학은 배움의 여정에서 단지 하나의 선택일 뿐이다. 그렇기에 대학은 꼭 가야 할 이유가 있을 때, 나이에 상관없이 배움을 위해 가는 곳이어야 한다.

　선생님, 오늘 친구들과 '대학을 반드시 가야 하는가'라는 주제를 가지고 점심시간에 이야길 나누었어요. 친구들 대부분은 요즘에 대학 안 나온 사람은 제구실을 못 한다면서 반드시 대학을 나와야 한다고 했어요. 사실 학력이 떨어지면 사회에서 차별을 받는 게 사실이니까요. 그런데 몇몇 친구는 '대학을 나오지 않아도 잘 살 수 있다!'면서 스티브 잡스를 예로 들었어요. 애플사의 설립자인 스티브 잡스 말이에요. 그분은 대학을 나오지 않았지만 세계적으로 최고의 경영자로 인정받았잖아요.

　세계적으로 성공한 사람 중에 대학을 나오지 않은 사람이 스티브 잡스만 있는 건 아니야. 마이크로소프트 설립자 빌 게이츠도 1학년 때 대학을 그만뒀고, 델 컴퓨터를 설립한 델도 대학을 나오지 않았어. 그뿐이 아니야. 브라질 룰라 대통령은 초등학교를 중퇴했지만 한 나라의 대통령까지 됐지.

정말요? 그런데 스티브 잡스나 델 같은 사람은 천재라서 대학 졸업장이 필요 없었던 건 아닐까요? 우리같이 정말 평범한 사람이 대학에 가지 않고도 잘 살 수 있을까요? 현실적으로 대학을 안 나오면 실력이 좋아도 인정받기 어렵잖아요.

대학은 엄청난 투자란다

그렇지. 그게 현실이지. 하지만 나는 모든 사람이 대학에 가야 하는 건 아니라고 생각해. 대학은 필수가 아니라 개인의 선택이라고 생각한다. 그러니까 대학이 하나의 배움의 장소로서 네게 정말 필요한지 아닌지 스스로에게 질문을 던져봤으면 좋겠구나.

'정말 내게 대학이 과연 필요한가?' 이걸 어떻게 알 수 있을까요? 선생님들 말씀으로는 요즘 시대는 대학을 나오지 않으면 거의 취직할 수 없다는데요. 명문대를 나와도 직장 구하기가 하늘의 별 따기인 세상인데, 대학을 나오지 않으면 아예 기회가 없는 것 아닐까요?

그 말에도 일리는 있어. 대학을 나오지 않으면 직장 구하기가 쉽지 않은 건 사실이야. 그러나 모든 사람이 대학 학력이 필요한 직업을 구하는 건 아니야. 예를 들어 장사를 하는 사람도 있고, 기술자가 되는 사람도 있고, 개인 사업을 시작하는 사람도 있잖아. 다만 우리가 반드시 알아둬야 할 점은, 대학에 가서 공부한다는 것은 굉장히 큰 투자라는 거야. 수천만 원의 돈은 물론, 2년에서 4년이라는 젊은 시절의 귀중한 시간을 써야 하잖아. 이건 정말 엄청난 투자지. 네가 운동화 하나를 살 때도 무엇을 살까 얼마짜리를 살까 여러 가지로 생각하고 앞뒤를 재보잖아. 그런데 하물며 대학을 가야 할지 말아야 할지 결정하는 데 별 고민도 하지 않는다는 건 문제가 있지 않니? 나는 대학 진학을 두고 고민하는 학생들에게 가끔 이런 이야길 한다.

'대략 70~80%의 학생들에게는 대학이 필요하다. 이상적으로 보자면, 대학이 인류가 지금까지 수천 년 동안 쌓아온 지식을 전수받기에 적합한 곳이라는 의미에서 그렇고, 또 현실적으로는 보자면 취직을 위해서도 그렇다. 하지만 20~30%의 학생들에게 대학이 반드시 필요한 것 같지는 않다. 장사를 하거나 목수 같은 기술자가 되거나 개인 사업을 시작하거나 아니면 직업을 위해서가 아니라 그저 공부가 좋아서 인문학 분야를 공부하고자 하는 사람들은 대학을 굳이 가지 않아도 된다'라고 말이지.

 들어보니 맞는 이야기인 것 같기는 한데……. 그럼 선생님 주위에도 대학에 가지 않은 사람이 있나요?

내 조카 중 한 명은 대학을 다니다가 중도에 그만두고 20대 초반에 장사를 배우기 시작했어. 지금은 커피숍을 몇 군데 운영하면서 열심히 살고 있지. 개인의 진로에 대학이 꼭 필요한 것도 아니고, 대학에서 뚜렷하게 공부하고자 하는 것도 없는데 단지 졸업장을 따기 위해 대학에 간다는 건 어리석은 투자임에 분명해.

맞는 말씀이긴 한데, 그게 참 쉽지 않은 결정인 것 같아요.

좋은 선택을 하려면
충분한 시간과 고민이 필요해

또 하나 중요한 사실은 대학은 언제든 자신이 필요한 시기에 가면 된다는 거야. 즉 고등학교를 졸업하자마자 곧바로 대학에 가야 하는 건 아니라는 거지. 당연한 말인 것 같지만, 우리나라 학생이나 부모는 고등학교를 졸업하자마자 반드시 대학에 가야 한다고 믿는 경향이 있어. 심지어는 고등학교를 졸업하고 대학을 곧바로 가지 않으면 뭔가 잘못된 것처럼 바라보는 시각도 있지. '재수'니 '삼수'니 하는 용어 자체가 그런 부정적인 의미를 포함하고 있는 것 아니겠니? 이건 정말 잘못된 사회 관행이야. 생각해보렴. 갓 고등학교를 졸업한 젊은이가 자기 인생을 어떻게 살아가야 할지, 대학에 가서 무엇을 공부해야 할지 아직 아무 계획도 세우지 못했는데, 무조건 대학을 가야 한다는 건 뭔가 앞뒤가 맞지 않다는 생각이 들지 않니?

네. 뭔가 좀 성급하다는 생각이 들어요. 저만 해도 대학이 제게 필요한지 아닌지 한 번도 생각해본 적이 없거든요. 대학에 가서 무슨 공부를 할지는 더더욱 생각해본 적 없고요. 이유를 불문하고 대학은 반드시 가야만 하는 것으로 생각하고 공부를 하고 있어요. 남들도 다 그런 식으로 공부를 하는데 다른 길을 고민하면 저만 뒤떨어질 것 같다는 생각도 들고요.

대학 합격이라는 목표 외에 장기적인 목표를 가져야 해

너뿐만이 아니라 우리나라 대부분의 청소년들이 그럴 거야. 그런데 말이야. 그럴 경우 대학 생활에 어려움을 겪을 수 있어. 예전에 미국 하버드 대학교가 한 발표에 따르면 동양계 낙제생 90%가 최고의 성적으로 입학한 학생들이었다고 해. 입학할 때는 최고였는데 왜 낙제를 하게 되었을까? 이들에게는 '장기적인 목표가 없다Nothing long term life goal'는 것이 하버드 대학교의 원인 분석 결과였단다. 단지 명문대 입학만이 목표였던 학생들이 입학 후에 목표를 상실했기 때문이라는 거지. 더 슬픈 건 하버드 대학교 동양계 낙제생 중 90%가 한국 학생이었다는 점이야. 물론 지금도 여전히 그렇다는 건 아니란다.

이야기를 듣고 보니 선생님 말씀대로 인생에 관해 구체적인 계획이 섰을 때 어느 대학에 가서 무엇을 공부할지 결정할 수 있으면 더 좋을 것 같아요.

부모님들도 같은 생각을 하면 좋겠구나. 대학이라는 엄청난 투자를 결정하기 전에 좀 더 구체적이고 성숙한 계획을 가지고 있어야 해. 이런 생각은 서양에서는 이미 보편적이란다. 고등학교를 졸업한 청소년들이 자신이 무엇을 하며 어떻게 살아야 할지 깨닫기 위해 최소한 1~2년의 과도기를 갖곤 하지. 물론 고등학교 졸업 무렵, 이미 자신의 미래 계획을 세운 학생들은 대학에 진학하기도 하지만, 그렇지 못한 대다수 젊은이는 졸업 후 아르바이트를 해서 모은 돈으로 세계 여러 나라를 여행하기도 하고, 아니면 여러 가지 직업을 체험하면서 자신이 진정으로 어떤 일을 좋아하는지 알아가는 시간을 갖는단다.

 그것 참 좋은 생각이네요. 고등학교를 졸업하고 국내외를 여행하면서 세상이 어떻게 돌아가는지, 세상 사람들은 어떻게 살아가고 있는지, 나는 정말 어떤 일을 하고 싶은지, 여유를 갖고 관찰하고 생각하는 시간을 가진다니요. 그리고 비로소 사고가 성숙해졌을 때, 대학에 가야 할지, 대학에 간다면 무엇을 공부할지 결정한다는 거잖아요. 그러면 정말 좀 더 현명한 선택을 할 수 있을 것 같아요.

(고정관념을 버리면 선택의 폭이 넓어질 거야)

그래. 대학은 선택이고, 좋은 선택을 하려면 시간이 필요하단다. 충분히 보고 느끼고 생각하고 미래를 그려보는 시간 말이야. 그게 젊은이들의 특권이자 아름다움이기도 하지. 시간에 쫓겨 인생의 중요한 결정을 아무렇게나 내리거나 다른 사람이 내 인생을 결정하게 하는 것은 옳지 않아. 그래서 말인데, 우리나라도 고등학교를 졸업하면 반드시 곧바로 대학에 가야 한다는 사회 관행에서 벗어날 때가 되었다고 생각해.

대학 진학 시기에 관한 사람들의 생각은 요즘 놀랄 만큼 변하고 있단다. 미국의 한 통계에 따르면, 현재 미국 대학생의 40%가 25세 이상이라고 해. 즉 고등학교를 졸업하고 최소 7~8년 내지는 10~20년이 지나서 대학에 가는 사람이 절반 가까이 된다는 뜻이야. 그리고 이런 경향은 더 심해져서, 고등학교를 갓 졸업한 18~19세의 학생 수보다 35세 이상의 학생 수가 조만간 더 많아질 거라는 보고도 있어. 그러니까 20대 초반에는 대학 교육의 필요성을 느끼지 못한 사람들이 30세 혹은 40세가 넘어 필요할 때 진학을 하는 거지. 대학은 정해진 때가 아니라 자신의 인생 여정에서 필요하다고 생각되는 시기에 가는 것이라는 거야.

고등학교를 졸업하면 바로 대학에 가야 한다는 고정관념이 없다면, 저도 그런 선택을 할 수 있을 것 같아요. 하지만 선생님과 부모님은 친구들보다 1~2년 늦게 대학에 가는 것도 불이익을 당할 거라며 말리는 분위기인걸요, 뭘.

하지만 말이다. 대학만 간다고 해서 끝이 아니야. 졸업한 다고 해서 모든 것이 해결되는 것도 아니지. 대학에 가서도 진로를 딱히 정하지 못해서 졸업을 유예하는 학생도 많아. 다시 다른 대학에 입학하는 일도 비일비재하단다. 그리고 졸업을 한 이후에도 길을 찾아 방황하기도 하지. 그러니 만일 네가 진정으로 원하는 것을 찾고 그 길로 나아가기 위해 1, 2년을 더 사용한다고 해도 그리 나쁜 선택은 아니라는 거야.

그뿐 아니라 학위를 받기 위해 대학에 가야 한다는 생각에서도 벗어날 때가 됐다고 생각해. 아직도 우리 사회의 많은 젊은이가 꼭 공부하고 싶은 것도 없는데 대학 졸업장이 필요해서 대학에 진학하고 있어. 이젠 그런 생각은 버려야 해. 왜냐하면 우리나라도 대학 졸업장이 과거와 달리 큰 가치가 없는 시대에 접어들었거든. 그렇다면 이제는 졸업장 그 이상의 뭔가 특별한 것을 대학에서 얻지 못한다면 대학에 갈 이유가 전혀 없는 것 아니겠니? 그래서 앞으로 사람들은 이리저리 곰곰이 따져보고 4~6년의 세월과 약 1억 원의 거금을 투자할 만큼 매우 특별한 수확을 얻으리라는 확신이 있을 때만 대학에 갈 거라는 거야.

대학에 가기 전에 과연 본전을 건질 수 있는지 잘 따져보라는 말씀이시죠?

그래. 잘 알아들었구나. 그리고 본전뿐만이 아니라 너 자신에 관해 더 많이 알고 대학에 갈지 말지 결정해야 한다는 거야. 다른 말로 하면 '자기 발견'이 필요하다는 거지. 네가 무엇을 좋아하는지, 무엇을 잘할 수 있는지를 잘 알게 되면 넌 어쩌면 대학에 가지 않고도 잘 살 수 있을지도 모르니까 말이야. 스티브 잡스나 빌 게이츠 같은 사람들은 자신이 누구인지, 무엇을 하고 싶은지 잘 알았기 때문에 대학에 갈 필요가 없다고 생각했을 거야. 자신의 인생 여정에서 대학이 그리 좋은 배움의 장소가 아니라고 생각한 거겠지. 그래서 스스로 배움의 장소를 찾거나 아예 만들기로 한 거야. 그들은 대학이 아니라 자기 집 창고에서 컴퓨터를 조립하거나 그에 관한 공부를 하면서 새로운 지식의 세계를 개척했지. 이러한 자기 발견에 관해서는 다음에 자세하게 이야기하자꾸나.

++ 오늘의 대화 생각해보기 ++

오로지 대학만을 위한 공부를 해온 탓에 대학을 필수처럼 생각하기 쉽다. 대학에 가지 않으면 낙오자가 될 것만 같은 두려움도 이에 한 몫한다. 하지만 대학 진학보다 중요한 것은 대학 입학 이후의 목표다. 무엇을 위해 대학을 가려고 하는지 곰곰이 생각해보자.

∨ 대학은 필수가 아니라 하나의 선택에 불과하다.

∨ 대학을 가야 하는 나이가 정해져 있는 것은 아니다. 전 세계적으로 자신의 인생에서 필요하다고 생각되는 시기에 점점 진학하는 추세다.

∨ 대학 진학 전에 내가 무엇을 좋아하고 잘할 수 있는지, 자신을 발견하고 깊이 탐구하는 시간을 가져야 한다.

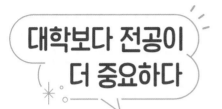

대학보다 전공이 더 중요하다

우리나라 초중고 학생의 98%가 대학 진학을 희망한다고 한다. 그 이유로 '좋은 대학을 가기 위해서'를 꼽았다. 하지만 적성을 고려하지 않은 채 오직 명성만 보고 대학을 선택하면 후회할 수 있다. 후회하지 않으려면, 대학을 선택하기 전에 전공부터 선택해야 한다.

선생님, 고3이 되니까 모두 대학 지원서를 쓰느라고 바빠요. 그런데 대학 진학을 둘러싸고 학생과 선생님 간에 실랑이가 오가곤 해요. 학생들은 자신의 성적 수준보다 높은 학교에 응시하기를 원하고 선생님은 학생 수준에 맞는 학교를 선택하라고 말이죠.

대학에 대해서 더 얘기해주고 싶은 게 있어. 우리나라 학생과 학부모들은 어느 대학에 가느냐가 최대의 관심사야. 하지만 어느 대학에 가느냐보다 어떤 전공을 선택할 것인가가 훨씬 더 중요하단다.

학교 선생님들은 전공 선택에 관해서는 많이 강조하지 않으시던데요?

대학이 아니라 실력으로 인정받는 시대

명문대학을 나오면 무조건 인정받던 시절도 있었단다. 그럴 때는 전공보다 졸업을 한 학교가 더 중요했는지도 몰라. 하지만 이제 대학이 아니라 실력으로 인정받아야 하는 시대에 접어들었어. 언젠가 내가 강의를 나갔다가 대기업 인사담당 부서에 있는 이사 한 분을 만났는데, 그분이 이런 말씀을 하시더구나.

"이제 대기업에서는 국적을 따지지 않고 사람을 선발하고 있습니다. 국내 대학 출신들을 뽑아서 일을 제대로 시키려면 재교육 기간이 1년 6개월 정도 걸려요. 처음에는 간단한 서류 작성 하나도 못 하지요. 명문대 출신도 별 차이는 없고요. 그러니 국내 대학 출신보다 해당 업무를 이해하고 그에 대해 대학 기간 내내 열심히 공부한 외국 대학 출신들을 뽑는 게 오히려 회사에 도움이 되죠."

그분 이야기로는 이제 명문대 프리미엄의 시대는 끝나간다는 거야. 그러니 너희들이 사회에 진출한 즈음에는 명문대 출신이란 게 별 효력을 발휘하지 못할지도 몰라.

그럼, 저희는 어떻게 미래를 준비해야 하죠?

그래서 대학보다 전공 선택이 중요하다고 하는 거야. '나는 어떤 대학에 갈 것인가?'가 아니라 '나는 무엇을 공부하고자 하는가?' 혹은 '나는 무엇을 공부하고 싶은가?'에 먼저 답해야 한다는 거지. 전공을 잘못 선택하면 정말 불행한 결과를 맞이할 수도 있거든. 내가 실제 경험했던 이야기를 해줄게. 좀 긴 이야기지만 잘 들어두렴. 전공 선택이 얼마나 중요한지 깨달을 수 있을 테니까.

내가 미국 유학 시절 직접 알고 지내던 한 선배에 관한 이야기란다. 그분은 서울대학교 미생물학과를 1회로 졸업한 수재였어. 그러나 그 전공 선택이 불행의 시작이었어. 본인의 적성이나 관심에 따라 미생물학과를 선택한 게 아니라, 입시 성적에 맞춰 선택한 거였거든. 서울대 미생물학과를 1회로 졸업하면 장래가 보장될 거라는 주위의 충고와 조언 때문이기도 했지. 졸업 후에 그분은 미국으로 유학을 떠났어. 미국의 한 명문대학교 대학원에서 미생물학을 전공했고, 얼마 후에 석사학위를 받았지. 하지만 미생물학 공부가 너무나 재미없고 힘들어서 도저히 계속할 수 없었던 거야. 그래서 긴 고민 끝에 전공을 바꾸기로 결심했어. 내가 옆에서 보니까 그분은 문학과 음악을 엄청나게 좋아하셨어. 하지만 그 선배는 인문학이나 음악으로 전공을 바꿀 용기는 없었지. 그 대신 장래를 생각해 궁여지책으로 컴퓨터공학으로 전공을 바꾸었어. 그리고 얼마 후에 컴퓨터공학 석사를 받았단다. 그런데 또 벽에 부딪힌 거야. 도저히 더는 공부를 할 수 없었던 거지. 그 분야에 어떤 흥미도 느끼지 못했으니까. 그래서 컴퓨터공학 분야에서 가장 인문학에 가까운 분야라고 여긴 인공지능 분야를 공부하기로 하고 당시 내가 공부하고 있던 대학의 박사과정에 오게 된 거지. 내가 옆에서 지켜본 그 선배의 공부하는 모습은 그야말로 고통 그 자체였단다. 대학 도서관에서 밤늦게까지 매일 공부했는데, 재미나 흥미도 하나 없이 어려운 공부를 하려니 공부가 고통 그 자체였지. 그러니 결과 역시 자연히 나쁠 수밖에 없었을 거야. 결국 박사학위 제출 자격시험(박사학위 논문을 쓸 수 있는 자격을 부여하는 시험)에서 실패하고 대학을 떠나야 했단다. 그때 그 선배는 이미 마흔의 나이를 넘겼었고, 초등학교에 다니는 자녀가 둘이나 있었어. 얼마 후 그 선배 소식을 들었는데, 10년이 넘는 유학생활을 포기하고 로스앤젤레스로 이사 가서 코리아타운의 한 가게에서 종업원으로 일하고 있다더라고.

어떻게 그런 일이! 그렇게 오랫동안 공부하신 분이 전공을 살리지 못하고 가게 종업원으로 취직하셨다니, 정말 놀랍고 슬프네요. 전공 선택이 그렇게 중요한 줄은 정말 몰랐어요.

우리는 다른 사람의 시선이나 사회적 전망에 따라 대학과 전공을 선택하곤 한다. 하지만 아무리 전망 좋은 전공일지라도 내가 흥미와 재미를 느끼지 못한다면 그 배움은 모두 헛수고가 될 수 있다.

∨ 어느 대학에 갈지보다 무엇을 전공할지가 더 중요하다.

∨ 내 삶을 행복하게 만들기 위해서는 내가 좋아하는 것을 공부해야 한다.

자기 발견의 고통과 기쁨

나는 전공 선택에서 큰 실수를 했다. 다행히 2년 후 내 실수를 인정하고 다시 전공을 선택했다. 그렇기에 대학에서 열심히 그리고 즐겁게 공부할 수 있었다. 늦더라도 제대로 가야 한다.

대학보다는 전공 선택이 더 중요하다고 하셨잖아요? 그럼 선생님은 전공을 어떻게 선택하셨는지 궁금해요.

나는 아주 실수를 많이 했단다. 전공을 선택하면서 내가 한 실수를 들려줄까? 나는 어려서부터 논리적으로 분명하게 정리하거나 표현하는 것을 좋아하는 편이었어. 지금도 기억나는 일이 하나 있는데, 어느 날 선생님이 동시 한 편을 써오라는 숙제를 내주셨어. 나는 하늘에 대한 시를 써서 발표했지. 발표가 끝나자 선생님께서 이렇게 말씀하시는 거야.

"넌 왜 시를 쓰지 않고 논설문을 써 왔니?"

왜 이런 말씀을 하셨냐고? 그때 내 시는 '하늘은 푸르다, 왜냐하면'으로 시작되었거든. 선생님께서는 시는 논리적으로 따지지 않고 느낌을 그대로 쓰는 글이기 때문에 '왜냐하면'이라는 말을 쓰면 안 된다고 하셨지.

이처럼 나는 논리적으로 따져서 분명해지면 그제야 받아들이고 좋아했어. 그러니 법학이나 철학 같은 논리적인 학문이 맞았겠지? 하지만 나는 내가 좋아하는 것을 고려하지 않고 경제학을 선택했단다. 내가 대학에 들어간 것은 1978년이었고, 당시에는 경제학과가 가장 인기 있고 또 들어가기 어려운 학과였거든. 우리나라 전체가 경제발전에 주력하고 있었기 때문이었을 거야. 전공을 선택할 때 치명적인 실수를 하고 말았던 거지. 내가 경제학을 좋아하는지, 경제학을 공부하고 싶어하는지 고려하기보다는 경제가 가장 중요하다는 당시 사회 인식을 따라서 인기 있는 전공을 선택한 거니까.

 그래서 경제학을 계속 공부하셨나요?

대학 1학년 때에는 전공보다는 여러 교양과목을 배우니까 철학, 심리학, 영어 등 다양한 학문을 공부했어. 그런데 2학년에 올라가 경제학 전공 과목들을 접하고 보니, 정말 너무 재미없는 거야. 매일 수요공급곡선을 그리면서 수요와 공급이 만나는 곳에서 가격이 결정된다는 시장경제학의 기본원리를 공부하는데, 도무지 집중이 되지 않았어. 정말 수요와 공급이 만나는 곳에서 가격이 결정되는 것인지, 이 원리가 전제하고 있는 것처럼 인간은 합리적이고 이기적인 존재인지 의구심만 들더구나. 그제야 나는 내가 경제학이라는 공부를 정말로 좋아하지 않는다는 중요한 사실을 깨달았고, 결국 2학년 2학기가 되어 포기하고 말았지. 경제학 공부가 흥미롭지 않을 뿐 아니라 내 인생에 아무런 도움이 되지 않는다는 생각이 들자 학교를 더 이상 다닐 의미를 못 찾겠더구나.

 그렇다면 2학년 2학기 때 대학을 그만둔 건가요?

(길이 보이지 않으면 제로부터 시작하라)

그런 셈이지. 공부를 그만두고 나서도 내심 마음은 답답하고 힘들었어. 건강도 좋은 편이 아니었고, 대학은 그만뒀고, 앞으로 어떻게 살아야 할지 막막하기만 했지. 참으로 암담했단다. 그런데 어느 날 길을 지나가다가 서점에서 우연히 책 한 권을 발견한 거야. 『길이 없다고 갈 수 없는가』(가토 다이조 지음, 장경룡 옮김, 문예출판사)라는 제목이 내 눈에 확 들어왔어. 당시 일본 와세다 대학교의 철학 교수가 쓴 책이었는데, 당장 그 책을 사서 읽기 시작했어.

저녁부터 읽었는데 눈을 뗐더니 어느덧 새벽 무렵이더구나. 책의 여러 부분에 공감이 갔지만, 특히 책의 마지막 부분에 나온 한 구절에서 놀라운 느낌을 받았어.

"진정 길이 보이지 않으면 제로부터 시작하라."

새벽 무렵 이 구절을 읽었을 때, 무언가 밝은 빛이 내 온몸에 스며드는 것 같은 느낌을 받았어. 강한 영감이 내 머릿속을 스쳐 지나가면서 가슴 깊은 곳에서 기쁨과 자신감이 솟아오르는 거야. 참으로 놀라운 체험이었지. 그 후 곰곰이 생각해봤어.

'자, 이제 제로부터 시작하자.'

'그렇다면 제로부터 시작한다는 건 무엇인가?'

'나는 지금 매우 불행하다. 그러니 제로부터 시작하는 것은 내 불행의 원인을 찾아내는 거다. 왜 내가 지금 불행한지, 왜 내가 불행해졌는지를 알아내자.'

오랫동안 이 화두를 붙잡고 고민했어. 그런데 어느 날 문득 철학을 공부하면 이런 질문에 대한 답을 얻을 수 있을 것 같다는 생각이 드는 거야. 그래서 주저하지 않고 부모님께 진지하게 내 생각을 말씀드렸지. 그리고 내가 다니고 있던 대학에 편입학 시험을 친 뒤 철학과 2학년으로 다시 들어간 거야. 물론 경제학과 교수, 친구, 교직원 모두가 나를 말렸단다. 경제학과 2학년을 마치고 철학과 2학년으로 편입하는 것이 당시에는 매우 비경제적으로 보였던 거지.

철학 공부는 어땠나요? 경제학 공부보다 재미있었나요?

(전공 선택을 잘 하면
인생이 즐거워질 거야)

철학과에 편입한 뒤 내 인생은 완전히 바뀌었어. 믿기지 않겠지만 공부가 정말 재밌었어. 이 점이 정말 중요해. 한마디로 표현하면 이런 거야.

'전공을 잘 선택하라. 그러면 공부가 즐거워지고 인생이 즐거워질 것이다.'

철학 공부가 재미있었던 건 무엇보다도 철학에서 다루는 주제들이 내 관심을 끌었기 때문이고, 또한 '왜? 왜?'라고 끊임없이 질문하는 철학이라는 학문적 성격이 내 적성과 맞았기 때문일 거야. 철학을 공부하면서 비로소 인생의 활력을 되찾을 수 있었지. 수업전에 예습을 하고 들어가는 날이 많았기 때문에 일방적으로 교수님의 강의를 듣기보다는 내가 제대로 이해했는지 스스로 평가해보곤 했어. 예습을 하면서 미리 생각을 해봤기 때문에 의문이 생기면 질문도 많이 했는데, 비록 내가 의도한 바는 아니었지만 여러 교수님들을 상당히 긴장시키곤 했지.

수업이 끝나면 커다란 나무 아래 앉아 내가 의문을 가진 몇 가지 물음들에 대해 생각하느라고 시간 가는 줄 모르고 깊이 사색하곤 했어. 지금 돌아봐도 정말 행복한 시간이었어. 깊은 생각에 빠져 황홀한 순간순간을 보냈던 거야. 데이트할 시간조차 없을 만큼 뭔가를 알아가는 즐거움에 빠져들었지. 어떤 질문은 며칠, 어떤 질문은 몇 달을 물고 늘어졌는데, 무엇보다 기뻤던 건 철학이라는 공부를 통해 '왜 인간은 불행해지는가?'라는 물음에 대한 답을 찾을 수 있었다는 거야.

공부가 그렇게 재미있을 수도 있군요. 그런데 선생님이 찾은 불행의 원인은 무엇이었나요?

허허, 너도 철학에 관심이 있는 거니?

그렇다기보다는 사람은 누구나 행복이나 불행에 관심이 가잖아요.

그래. 네 말이 맞다. 내가 찾은 바에 따르면 말이야, 사람은 많은 경우 잘못된 사회구조나 제도로 인해 불행해져. 물론 개인의 잘못으로 인해 불행해지기도 하지. 다시 말해 술을 너무 마시거나 거짓말을 습관적으로 하는 등의 잘못으로 인생에 불행을 자초하기도 하는 건 분명해. 하지만 개인의 잘못이 아니라 잘못된 사회

구조나 제도로 인한 불행도 무시할 수가 없어. 예를 들어 전쟁으로 인해 많은 사람이 죽고 다쳐서 사랑하는 사람을 잃고 불행해지고, 잘못된 교육제도로 인해 많은 청소년들이 불행에 빠지는 것처럼 말이야.

인간이 불행해지는 이유가 사회구조나 제도에 있을 수 있다는 생각은 못 해봤어요. 우리나라처럼 입시지옥이 없는 나라에서 태어났으면 하는 생각은 해봤지만요.

네가 좋아하는 분야를 선택해야 공부를 즐길 수 있어

그게 바로 네가 교육제도 때문에 불행하게 되었다는 뜻이야. 행복과 불행 이야기는 다음에 다시 하기로 하고, 이제 전공 이야기로 돌아가볼까? 전공은 정말 네가 좋아하는 분야로 선택해야 해. 그래야 그 공부를 즐길 수 있거든. 공부가 그저 해야만 하는 책무나 과제로만 느껴지면 그것만큼 재미없는 것도 없을 거야. 공부에 대한 강박 없이 그저 흥미와 호기심으로 책을 읽고 알아갈 때 진정한 행복을 느낄 수 있단다. 이걸 몰입이라고 하는데, 대체로 행복한 사람들의 공통된 특징이야. 나는 철학으로 전공을 바꾼 3년 동안 철학 공부를 공부라고 생각해본 적이 없어. 시험공부도 따로 해본 적이 없지. 내가 관심이 가니까 매일 예습도 하고 수업 후에 다시 생각을 정리하기도 하고, 그러다 보니 따로 시험공부를 할 필요가 없었던 거지. 그렇게 하다 보니 성적도 좋아 늘 전액 장학금을 받아 재정적으로도 독립할 수 있었단다. 어이쿠, 내 자랑이 되고 말았네. 하하하.

하하, 제가 특별히 봐드릴게요. 말씀을 듣고 보니 저도 전공에 관해 깊이 고민을 해봐야겠어요.

한 가지 더 말해둘 게 있단다. 만일 네가 대학에 가서 뭘 공부할지 결정했다면, 어느 대학이 그 공부를 하기에 정말 좋을지 조사하고 찾아봐야 해. 그건 그저 점수에 맞는 대학을 선택하는 것과 완전 다르단다. 전공이 같다 해도 학교에 따라 분위기나 교육 내용이 전혀 다를 수 있거든.

그러니 반드시 여러 대학을 방문해서 알아봐야 해. 특히 어떤 교수들이 있는지 잘 살펴봐야 해. 예를 들어 같은 철학과라 하더라도 어떤 대학에서는 영미철학 중심으로 가르치고, 어떤 학교는 독일철학을 중심으로 가르치고, 또 어떤 대학은 영화철학이나 예술철학, 과학철학 등 철학의 응용 분야를 가르치거든. 그리고 교수에 따라 학문하는 분위기도 다르고, 전통과 느낌도 서로 다르기 마련이야. 그러니 대학에 직접 가서 강의를 들어보기도 하고, 그 학과의 학생들을 만나 대화해보기를 권해. 좋은 교수 한 분만 만날 수 있어도 네 대학 생활은 정말 행운이라고 할 수 있지. 대학보다 전공이 중요하고 특히 어떤 교수가 있는지가 무엇보다 중요하다는 점을 꼭 명심해야 해. 특히 대학을 졸업하고 나서 대학원을 간다면 대학보다는 어떤 교수와 함께 학문적 작업을 하는지가 더 중요해져. 교수가 그 대학의 학문적 분위기와 성과를 결정하기 때문이란다. 한마디로 대학보다는 전공이 중요하고, 전공을 결정했다면 어떤 교수님에게 배울지가 중요하다는 거야.

대학을 찾아가고 교수님에 대해서 알아보려면 상당히 많은 시간이 들겠어요.

중요한 결정에는 시간과 에너지 투자가 반드시 필요한 법이란다. 그렇지만 학생 입장에서 대학에 직접 방문하거나 교수님께 연락한다는 게 어려울 수도 있겠구나. 정 어렵다면 학교 선생님이나 부모님께 질문하거나, 유튜브에서 대학생들이 운영하는 채널을 찾아서 대학 생활을 간접 경험하거나, SNS에 있는 대학교별 커뮤니티에서 대학교 강의와 분위기에 대해 질문해도 좋겠구나. 먼저 대학 생활을 경험한 사람들이 자신의 이야기를 생생하게 들려줄 거야.

++ 오늘의 대화 생각해보기 ++

취업에 유리한 전공과 내가 평소 흥미를 느끼는 전공, 어느 것을 선택해야 할까? 한번 진지하게 생각해보자.

∨ 유독 공부하기 싫은 과목이 있는가? 혹은 좋아하는 과목이 있는가? 진지하게 생각해보자.

∨ 대학 전공을 잘 결정하기 위해서는 자신이 좋아하는 일부터 찾는 것이 중요하다.

∨ 같은 전공일지라도 학교에 따라 학업 분위기와 교육 내용이 다르다. 배우고 싶은 전공을 정했다면 유튜브, SNS 등을 활용해 여러 학교의 수업 분위기와 강의를 비교해보자.

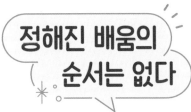

정해진 배움의 순서는 없다

인생을 놀이공원에서 보내는 하루로 상상해 보라. 한정된 시간 안에 모든 놀이기구를 다 탈 수는 없다. 주어진 시간에 얼마나 많은 종류의 놀이기구를, 얼마나 오랜 시간 탈지는 개인마다 다를 것이다. 다만 한 가지 분명한 건 누군가 선택해주는 하루보다 스스로 선택하는 하루가 훨씬 행복할 것이라는 사실이다.

만약 배우고 싶은 것이 여러 가지라면 어떻게 해야 할까요? 그중 하나를 선택해야 할까요, 아니면 이것저것 조금씩 하는 게 좋을까요?

배우고 싶은 게 많다는 건 매우 좋은 거야. 그건 살아 있고 생명력이 넘친다는 거니까. 건강한 생명체는 많은 것을 배우고 싶어하지. 그래야 환경에 잘 적응하고 살아갈 수 있으니까. 배우려는 마음만 있다면 세상에는 배울 게 아주 많단다. 악기도 배워야 다룰 수 있고, 꽃도 배워야만 잘 키울 수 있고, 집 짓기도 배워야 멋있고 튼튼한 집을 지을 수 있지. 그런데 이걸 다 하고 싶지만 시간이 없어서 한꺼번에 배울 수 없다면, 어떻게 하는 게 좋을까? 만일 주어진 시간이 1년밖에 없다면 넌 무엇을 배우고 싶니?

글쎄요. 전혀 생각해본 적이 없는데요. 지금까지 무엇을 꼭 배워야겠다고 생각해본 적도 없으니까요. 지난번 영국 왕실식물원 원장의 이야기를 듣고 저도 뭔가 몰두해서 배우고 싶다는 생각이 들긴 했어요. 학교 갈 시간이 없을 만큼 뭔가에 빠질 수 있다면 정말 행복할 것 같아요.

그래, 그렇지. 몰입은 행복한 경험이란다. 자, 그럼 네가 놀이동산에 갔다고 해보자. 너한테는 하루의 시간이 있고 무슨 놀이기구든 제약을 받지 않고 탈 수 있어. 그럼 넌 하루를 어떻게 보낼 거니? 예를 들어 놀이기구가 1번에서 50번까지 있다고 해보자.

제가 가장 좋아하는 놀이기구부터 타겠죠. 그리고 그다음으로 재밌는 것을 타고요. 이렇게 좋아하는 순서대로 놀이기구를 타다 보면 하루가 금방 지나갈 거예요.

좋은 생각이구나. 놀이공원에서의 하루와 마찬가지로, 우리는 인생이라는 한정된 시간 안에서 살아간단다. 제한된 시간 안에서 넌 무엇을 배우고 싶니? 많은 것을 배우고 싶니? 아님 한두 가지를 집중적으로 배우고 싶니?

글쎄요. 그렇다면 저는 가장 배우고 싶은 것부터 먼저 배운 뒤 그다음으로 배우고 싶은 것을 배우고…… 하는 식으로, 마치 놀이기구를 타는 것처럼 선택할 것 같아요. 그런데 제가 무엇을 가장 배우고 싶은지 어떻게 알 수 있죠? 놀이기구는 쉽게 알 수 있을 것 같은데, 배우고 싶은 것에 관해서는 분명하지가 않아요.

물론 무엇을 배우고 싶은지 알기란 어려워. 놀이기구는 이미 몇 차례 타본 경험이 있으니까, 그 경험을 통해 어떤 놀이기구가 가장 재미있는지 알겠지만, 뭘 배워야 할지는 경험한 적이 없으니까 모를 수밖에 없지. 그렇다면 피아노, 꽃 키우기, 집 짓기 등 다양하게 조금씩 배워보는 것도 좋겠구나. 즉 맛보기를 해보는 거지. 마치 어느 음식이 맛있는지 약간씩 맛보듯이 말이야.

하지만 학교에서는 그런 것을 가르쳐주지 않잖아요. 학원도 마찬가지고요.

무엇을 어떻게 배울지
스스로 정할 수 있어

 너희들에게는 학교와 학원, 과외가 익숙한 배움의 공간이 겠지만 세상에는 매우 다양한 배움터가 있어. 대학의 부설 평생교육기관이나 지방자치제의 교양강좌 등 네가 조금만 바깥으로 눈을 돌리면 배움의 장소는 어디에나 있단다. 과목도 매우 다양해. 여러 가지 악기부터 시작해서 원예, 꽃꽂이, 사진, 영상, 베이킹, 부동산 강좌까지 개설되어 있어. 네가 관심을 가지고 들여다보면 상당히 많은 것들을 공부할 수 있는 시대란다. 다만 학교만 여전히 구태의연한 사고에 갇혀서 학생들이 국, 영, 수 학원이 아닌 다른 강좌를 들으러 다니는 것을 시간 낭비라고 생각할 뿐이란다. 오늘날 사회는 매우 빠른 속도로 발전하고 있다는 걸 너도 알잖아. 그러니까 진지하게 관심 있는 분야가 있다면 그 분야의 전문가를 찾아가 개인적으로 배울 수도 있어. 너희가 지금 학교 공부 이외에 영어, 수학 과외를 하는 것처럼 말이야.

 사회는 빠른 속도로 변하는데, 왜 학교는 변하지 않는 걸까요?

 참으로 안타까운 일이지. 그렇기 때문에 학교를 좋아하는 학생은 점점 줄어들고, 배움에 대한 열정이 아니라 염증을 느끼는 학생들이 늘고 있는 거 아닐까? 학교가 정한 배움의 순시를 따라가지 못하거나 거부하는 아이들이 부적응아나 문제아가 되는 분위기는 확실히 변해야 해.

우리는 이제까지 무엇을, 어떻게 배울지 학교가 정하는 시스템 속에서 살아왔어. 하지만 이제는 학생들이 정할 수 있어야 해. 학교에서는 일정한 나이에 이르면 일정한 것을 가르치는데, 그런 공부에는 한계가 있단다. 너희는 무엇을, 어떻게 배울지 선택할 수 있어야 해. 배움의 내용과 방식을 스스로 정할 수 있어야 한다는 거야. 이건 새로운 교육의 패러다임이라고 할 수 있지. 그래도 이와 같은 취지에서 고교학점제(학생들이 자신의 진로에 따라 교과를 선택하고 배우는 제도)가 실행된다고 하니, 조금은 기대가 되는구나.

우리 스스로 배울 것을 정하고 배우는 방식도 정할 수 있다면, 더 책임감을 가지고 재미있게 공부할 수 있을 것 같아요. 우리가 정말 배우고 싶은 것에 몰두할 수 있고, 정말 가고 싶을 만큼 좋은 학교들이 많이 생겨나면 좋겠어요.

중요한 것은
배우고자 하는 마음이야

 전에 영국에 있는 서머힐이라는 학교에 대해 이야기한 적 있지? 이 학교를 만든 사람은 '어른들의 간섭 없이 아이들에게 모든 것을 맡겨두면 스스로 자란다'라는 생각으로 학교를 세웠다고 해. 그래서 서머힐에서는 모든 것을 학생들이 결정한단다. 심지어 수업시간에 수업을 들을지 다른 놀이를 할지까지 학생이 결정하지. 한마디로 서머힐은 누구든지 자신이 배우고 싶은 것을 배울 수 있는 곳이야.

공부의 시작 시기는 늦을 수도, 빠를 수도 있다고 생각해. 그보다 중요한 것은 '공부를 할 마음의 준비가 되어 있는가'야. 실제로 이곳 아이들은 보통 영국 아이들이 8년에 걸쳐 배우는 것을 2년 만에 해내기도 해. 이곳 졸업생들의 이야기는 자신이 원하는 것을 배워도 얼마든지 사회에서 잘 살아갈 수 있다는 것을 보여주고 있단다.

서머힐 학교에 대해 더 알고 싶어요. 혹시 관련 책이 있나요?

그래. 서점에 가면 『서머힐』(A. S. 니일 지음, 손정수 옮김, 산수야)이라는 제목의 책을 발견할 수 있을 거야. 한 권 사서 부모님과 함께 읽어보면 좋겠구나.

무엇을 배우고 싶은지 잘 모르겠다면 다양한 배움을 경험하는 것에 서부터 시작해보자. 경험을 해야 그것이 어떤 공부인지, 내게 맞는 공부인지 알 수 있다. 어떻게 배움의 경험을 늘릴 수 있을까?

∨ 막연하게나마 평소 배우고 싶었던 몇 가지를 자유롭게 떠올려보자.

∨ 그런 뒤 학교나 지역센터, 유튜브에서 하는 강좌 등을 검색해 직접 들어보자.

학교를 떠나서도 배워야 한다

해마다 학교를 떠나는 아이들은 늘고 있고, 앞으로
더욱 늘어날 것으로 보인다. 불편하지만 이것이 현실이다. 학교를 떠날 수밖에 없는 아이
들에게도 좋은 배움의 기회가 주어져야 한다. 학교 수업만이 공부라는 생각을 바꾸면 배
움의 기회와 장소는 더욱 늘어날 것이다. 그중 하나가 '홈스쿨링'이다.

학교를 그만두고 싶어요. TV를 보면 연예인이나 연예인
자녀 중에 홈스쿨링을 하는 사람들이 많더라고요. 특히 코로나19
를 계기로 학교를 안 다니고 홈스쿨링을 하는 아이들이 부쩍 늘었
대요.

그렇지. 학교를 다니지 않더라도 공부는 반드시 계속해야
하니까.

그래서 오늘은 선생님과 홈스쿨링에 관해 이야길 나누고
싶어요. 학교를 그만두면 앞으로 어떻게 해야 할지 사실 막막하거

든요.

그래? 홈스쿨링 이야기를 하기 전에 우선 몇 가지 알고 싶구나. 학교를 왜 그만두고 싶은 거니? 공부 따라가기가 힘들었니? 아니면 다른 문제라도 있었던 거니?

딱히 한 가지 이유만은 아니에요. 공부를 따라가기가 좀 힘든 것도 있고요. 특히 수학이나 영어, 과학 등은 전혀 따라갈 수 없었어요. 이뿐만 아니라 친구들과도 문제가 있어요. 건강도 안 좋고요. 만성 위장장애와 두통에 하루하루가 너무 힘겨웠어요. 그래서 부모님에게 쉬지 않으면 안 될 것 같다고 여러 차례 말씀드렸어요. 학교를 그만두게 되면 홈스쿨링을 해야 할 것 같은데, 어떻게 시작해야 할지 잘 모르겠어요.

세상에는 아주 다양한 학교가 있단다

네가 생각하기에 학교 교육의 역사가 얼마나 될 것 같니? 아주 긴 것 같지? 하지만 오늘날 학교 교육은 인류 교육사에서 그리 오래되지 않았단다. 19세기까지만 해도 대다수 사람이 개인 교사나 가까운 친척으로부터 필요한 것을 배웠고, 어린이는 가정에서 모든 기본적인 것을 배웠어. 그러다 20세기 초에 이르러서 우리가 알고 있는 공립학교가 설립됐지. 연령에 따라 아이들이 그룹으로 나누어지고, 교사 자격증을 가진 사람들이 생겨나고, 커다란 건물에 아이들이 모여서 교과서로 똑같은 내용을 배우기 시작한 거야.

생각해보니 조선시대에도 학교는 없었던 것 같아요. 서당이나 서원에서 공부를 했잖아요.

그렇지. 스페인에는 아이들이 교사를 선발하는 학교도 있었어. 실바 신부라는 분이 거리에서 넝마주이를 해서 생계를 잇는 가난한 아이들 열다섯 명과 함께 '벤포스타'라는 어린이들만의 자치공화국을 세웠어. 그곳에서는 어린이들 스스로 결정을 내렸단다. 이들은 오전에는 교실에서 공부하고 오후에는 각자 일터에서 일해서 공화국 경제에 기여했어. 일터에는 자동차정비공장, 목공공장, 도자기공장, 가죽공예공장, 게스트하우스 등이 있었고, 가장 경제적으로 도움이 된 것은 어린이공화국에서 만든 서커스단이었단다. 그들은 세계를 돌면서 공연을 했고 평화와 사랑의 메시지를 전했어. 이 학교의 이야기는 전설과도 같지. 한때 벤포스타 어린이 공화국에는 5,000명 정도의 청소년들이 살았단다. 최근에는 아쉽게도 문을 닫았지만, 이러한 학교 공동체가 스페인이 아닌 다른 지역에서도 생겨났단다.

 그런 학교도 있었어요?

그래. 세상에는 아주 다양한 학교가 있단다. 그리고 기존 학교의 활동을 비판적으로 보는 이들도 많아. 그중 한 사람이 '존 테일러 게토'라는 분이야. 30년 이상을 공립학교에 근무했고, 1991년에는 뉴욕 주가 수여하는 올해의 교사상을 받기도 했지. 하지만 학교가 배움의 장소로서 제구실을 못한다고 판단되자 공립학교 교사직을 그만두고 홈스쿨링 운동을 펼쳤단다.

우리나라에도 초청을 받아 강의를 하신 적도 있어. 지금은 세상을 떠났지만 그분의 확신에 찬 말씀은 정말 인상 깊더구나. 나는 그분과 같이 식사를 하면서 직접 이야기를 듣기도 했단다.

홈스쿨링이 우리나라에만 있는 게 아니었군요. 미국의 홈스쿨링 운동은 어떤가요? 성공적인 편인가요?

미국에서는 열 명에 한 명꼴로 홈스쿨링을 하고 있어

자세한 통계는 모르겠지만, 우리나라 역시 학교를 벗어나 재택교육이나 대안교육, 조기유학 등으로 빠져나가는 아이들 숫자가 상당히 많다고 봐야 해. 한 해에 5만 명 이상이 학교를 떠난다고 하니 말이야. 그러니 우리나라에도 학교를 떠나 일종의 홈스쿨링을 하고 있는 청소년의 숫자가 생각보다 훨씬 많을 거야. 하지만 홈스쿨링은 아직 제도적으로 정착되어 발전하고 있지는 못해. 그건 아마 우리나라에서는 홈스쿨링(재택교육)이 법으로 금지되어 있기 때문일 거야. 즉 불법이라는 거지. 물론 3개월 이상 학교에 출석하지 않으면 정원 외 관리를 하게 되어, 실제적으로 홈스쿨링을 하거나 미인가 대안학교에 갈 수도 있어. 어느 정도 융통성이 있다는 거지.

미국도 1980년까지는 대부분의 주에서 재택교육이 불법이었단다. 그래서 1980년대 초반까지만 해도 홈스쿨링을 하는 아이들이 1만 5,000명이 채 되지 않았대. 하지만 당시 학교 교육이 비도덕적으로 이루어지고 있는 점을 우려해서 집에서 아이들을 교육하던 기독교 신자들이 홈스쿨링을 불법화한 의무 취학 규정에 반대하여 국가를 상대로 소송을 걸었고, 한 주에서 국가가 패소하는 일이 생겨나면서 미국의 다른 주들에서도 점차 홈스쿨링이 합법화되기 시작했지. 그래서 1990년대에 이르러서는 30만 명이나 되는 많은 재택학습자가 생겨났고, 결국 1993년에는 재택교육이 미국 50개 주 전체에서 합법화되었어. 그러면서 홈스쿨링이 그야말로 붐을 이루기 시작한 거지. 종교인뿐 아니라 비종교인들도 학교 교육이 기대 이하라는 이유로 학교를 거부하기 시작하면서 점차 재택교육을 하는 아이들이 늘어났어. 한 통계에 따르면, 미국에서 재택교육은 매년 증가하고 있고, 현재 18세 이하 미국 청소년 열 명 중 한 명이 재택학습에 참여하고 있다고 해. 아마도 재택교육은 지난 30년 동안에 일어난 교육운동 중에서 가장 성공적인 교육개혁 운동이라 할 수 있을 거야.

그럼 선생님은 게토 선생님처럼 모든 아이들이 재택교육을 선택하는 것이 좋다고 생각하세요?

나는 그분의 생각에 부분적으로 동의하지만, 학교가 필요 없는 곳이라고는 생각하지 않아. 어떤 아이들에게는 필요하고 어떤 아이들에게는 필요하지 않다고 생각하지. 즉 학교는 모든 아이를 위한 곳이 아니라, 일부 아이들에게 필요한 곳이고 여러 선택지 중의 하나라고 생각해.

대안학교도 마찬가지야. 어떤 아이들에게는 좋은 배움의 장소가 되겠지만, 어떤 아이들에게는 그렇지 않아. 그러니 학교도 일반

학교, 대안학교, 특성화학교, 예술학교 등 다양해야 하고, 홈스쿨링도 다양한 형태로 존재해야 한다고 생각해. 학교는 한때 글을 깨치고 무지에서 벗어나게 해주어 사회를 발전시키는 계몽의 장소로서 훌륭한 역할을 했지만, 오늘날에는 학습이나 인성교육 면에서 제구실을 못하고 있는 게 사실이란다. 그런 의미에서 게토 선생의 '학교가 죽었다'는 이야기에 나도 동의하고 싶은 마음이야. 학교도 진정 개혁되고 발전해야지만 외면당하지 않을 거라고 봐.

 그런데 재택교육을 하면 시간표는 어떻게 짜나요?

 그건 재택교육을 하는 학생이 짜야겠지. 홈스쿨링은 본질적으로 재택교육이지 재택학교는 아니란다. 그러니까 학교와 같이 국·영·수 및 사회·과학 공부를 위한 시간표를 짜서 학습하는 것이 아니라, 학생이 스스로 배움의 주체가 되어서 배움의 내용과 방법을 결정해야 해.

 학생이 무엇을 배울지, 어디서 어떻게 배울지를 결정한다고요?

 그렇단다. 재택교육의 진정한 의미는 재택학습자가 자신이 무엇을 배우고 싶은지, 또한 그것을 어디에서 배울지 등을 스스로 결정하고 선택하는 것에 있거든. 예를 들어 네가 목공을 배워 책상도 만들고 놀이집도 만들고 싶다면, 부모님이나 친지들과 상의해서 어디에서 누구로부터 그것을 배울 수 있는지 찾아봐야 해.

 왠지 홈스쿨링이 학교 다니는 일보다 더 힘들 거 같은데요?

홈스쿨링은 자기관리 능력이 있어야 가능해

맞아. 적어도 혼자서 재택교육을 해나가기는 무척이나 어려운 일이야. 스스로 배움의 계획을 세워본 적이 없을 테니까. 학교를 다니지 않으면 혼자 집에 있는 시간이 많은데, 자칫 게임에 빠지거나 하면 학교에서 잠자는 것보다 훨씬 더 나쁜 결과가 생길 수도 있어. 결국 홈스쿨링은 공부하기 싫어서 혹은 편해서 선택하는 게 아니란다. 학교 말고 다른 배움의 장소가 필요한 학생들이 공부하기 위해 선택하는 거지.

저도 그게 걱정이에요. 어떻게 하면 제대로 홈스쿨링을 할 수 있을까요? 지금까지 학교와 부모님이 짜준 스케줄대로 공부해오다 보니 제가 무엇을 공부하고 싶은지조차 모르겠어요.

몇 가지 조언을 해줄게. 우선 국내외에서 재택교육을 하는 사례를 조사해보는 것이 좋겠구나. 서점에 가면 홈스쿨링에 관한 책들이 있으니 몇 권 사서 읽어보면 도움이 될 거야. 그리고 우리나라 대안교육 잡지인 《민들레》(편집부 지음, 민들레)를 보면 우리나라 홈스쿨링 사례들이 많이 나와 있으니 참고하면 좋겠구나. 20년 이상 발간되어온 교육잡지니까 여러 가지 사례들을 접해 볼 수 있을 거야. 그리고 《민들레》에서는 홈스쿨링하는 청소년들을 위한 프로그램도 오랫동안 운영해오고 있으니 한번 방문해보렴. 분명 도움을 받을 수 있을 거야. 그리고 인터넷에 재택교육을 하는 친구들의 모임이 있을 테니까 회원으로 가입해서 정보를 받으면 시행착오를 줄일 수 있을 거야. 네가 살고 있는 지역에서 홈스쿨링을 하고 있는 다른 친구들을 만나보는 것도 좋아. 홈스쿨링의 가장 어려운 과제는 또래 친구들을 만나기 어렵다는 점인데, 만약 그런 친구들을 만나 함께 홈스쿨링을 한다면 훨씬 힘이 날 거야.

감사해요. 정말 두렵고 막막했는데 좀 용기가 생기네요. 선생님의 조언대로 한번 해볼게요.

✦✦오늘의 대화 생각해보기✦✦

세상에는 다양한 교육기관이 있다. 학교가 너무 갑갑하고 현재의 학교 시스템이 내게 맞지 않다면, 억지로 참기보다 어떤 배움의 방식이 맞을지 먼저 찾아보는 것도 방법이다.

∨ 학교를 가지 않고도 얼마든지 배울 수 있다는 것을 기억하자.

∨ 홈스쿨링을 고려하고 있다면, 먼저 스스로 배움의 내용과 방법을 찾아야 한다. 엄격한 자기관리가 필요하다.

∨ 홈스쿨링을 하고 있는 친구들을 SNS에서 찾아서 소통하고 정보를 나누는 것도 좋은 방법이다.

;

"세상에서 가장 중요한 것은
나 자신에 대해 아는 것이란다"

"너 자신을 알라."

철학의 아버지 소크라테스가 한 말입니다. 나 자신을 아는 것은 모든 지식과 지혜의 기초입니다. 내가 나 자신을 모른다면 어떤 지식도 별 소용이 없습니다.

제가 잘 아는 분에 관한 이야기를 하려 합니다. 그분을 H 선생이라고 부르겠습니다. H 선생은 어린 시절부터 공부를 잘했습니다. I.Q가 상당히 높았고 언어지능과 논리수학지능이 유독 뛰어났습니다. 고등학교 때 전교 수석은 물론, 대학 시절에도 늘 최고의 성적을 유지하며 장학금을 받았고, 대학원 시절에는 졸업 때 최우수논문상을 받았습니다. 그뿐 아니라 미국 유학을 가서도 전면장학생으로 공부했고 가장 짧은 기간에 박사학위 논문을 제출하고 박사학위를 받았습니다.

H 선생은 미국의 대학에서 강의를 시작했습니다. 그런데 심각

한 문제가 있었지요. H 선생이 대학에서 가르치는 일을 전혀 좋아하지 않는다는 것이었습니다. H 선생은 오랜 세월 세계적인 학자가 되어 대학에서 가르치겠다는 꿈을 갖고 있었는데, 막상 교수가 되고 보니 전혀 자신에게 맞지 않는다는 것을 알게 된 것입니다. 이미 긴 세월을 학문에 바쳤는데, 그 모든 시간이 헛수고가 된 것이죠. H 선생은 결국 대학을 떠나 다른 길로 갔습니다. H 선생이 제게 말하더군요.

"전 어린 시절부터 지금까지 헛살았던 것 같아요. 제가 누구인지 모르고 살았으니까요. 나 자신에 대한 기대, 남들의 기대 그리고 내 허영심이 스스로에 대한 무지를 낳았고, 그 결과 저는 잘못된 선택을 한 것이지요."

많은 이가 자신이 잘하는 것과 좋아하는 일을 혼동하기 쉽습니다. 잘하면 좋아한다고 믿기 쉬우니까요. 공부를 잘하는 친구들이 이런 착각에 빠지기 더 쉽습니다. 공부를 잘해서 성적에 따라 법대도 가고 의대도 가고, 원하는 대학과 전공을 선택할 수 있으니까요. 하지만 잘하는 것과 좋아하는 일은 전혀 다를 수 있습니다.

이 세상 모든 지식과 지혜에 앞서 가장 중요한 지혜는 '자기 자신을 아는 것' 혹은 자기 발견의 지혜입니다. 그렇지만 우리 자신을 알기란 그리 쉽지가 않지요. 우리는 부모로부터 교사로부터 이웃으로부터 칭찬받기를 원했고, 따라서 진정한 자기 자신을 발견하고 표현하기보다는 자신에 대한 기대에 부응하려고 애쓰며 살아왔기 때문입니다.

여러분은 조금 시간이 걸리더라도 자기 자신이 누구인지, 어떤 일을 할 때 열정과 사랑이 샘솟는지 발견하게 되기를 바랍니다. 타인의 기대와 허영에서 벗어나 진정한 자신의 길을 가기를 바랍니다.

Part 4

10대를 위한 철학

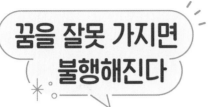

꿈을 잘못 가지면 불행해진다

꿈이 없는 인생은 인생이 아니다. 하지만 꿈이 때로
는 인생을 불행하게 할 수도 있다. 나에 대한 탐구 없이 세워진 꿈이기 때문이다. 즉 자신
의 적성과 능력을 고려하지 않고 선택했기 때문이다.

얼마 전 유명한 박사님이 학교에 오셔서 꿈을 주제로 특
강을 하셨는데, 꿈이 없는 인생은 인생이 아니라면서 꿈이 중요하
다고 하셨어요. 청소년 시기에 꿈이 없다면 문제가 있는 거라고 하
면서요. 그런데 전 아직까지 꿈이 없거든요. 그래서 마음이 조급해
질 때가 있어요. 제게 정말 문제가 있는 걸까요?

너 말고 다른 친구들은 어때? 그 친구들은 꿈이 있니?

네. 대부분 꿈을 가지고 있어요. 디자이너의 꿈을 가진 친
구도 있고, 기업가가 되겠다는 꿈을 가진 친구도 있고, 요리사가

되겠다는 친구도 있죠.

 네 질문에 대답하는 대신 이야길 하나 들려줄게. 내가 대학원 다닐 때 이야기야. 철학과 선배 중에 S 선생이라는 분이 있었어. 그분 꿈은 서울대 철학과 교수가 되는 것이었지. 그는 철학과를 졸업한 뒤 희망을 품고 미국 유학을 떠나 하와이 주립대학에서 석사과정을 시작했어. 그곳에서 유명한 논리학자 코피 교수의 지도를 받았고, 그분의 추천을 받아 본격적으로 논리학과 수리철학을 공부하기 위해 메릴랜드 대학원 수학과에 들어가서 공부를 했단다. 그런데 공부를 하다가 그만 정신이상을 일으키게 된 거야. 대학에서 공부를 중단하고 치료받을 것을 요구했고, 결국 그는 중도에 공부를 포기하고 한국에 돌아와야 했어. S 선생은 한국에 와서 이곳저곳 대학에서 강의를 했지만 정신이상 상태를 드러내곤 해서 결국 강사직도 모두 잃고 말았지.

어떻게 그런 일이? 그래서 그분은 어떻게 되셨나요?

그분에 관해서 좀 더 알게 된 것은 내가 대학원 1학년 때였단다. S 선생은 당시 이미 모든 강사직을 잃었음에도 불구하고 매일 아침이면 교수 통근버스를 타고 학교에 출근했어. 본인이 서울대 교수라고 믿고 있었던 거지. 출근해서 매일 학과 사무실을 지켰어. 그러니 다른 교수들의 마음이 상당히 불편할 수밖에. 교수 중의 어떤 분들은 S 선생의 선배이기도 하고, 또 어떤 교수들은 후배이기도 한데, 그분의 그런 모습을 매일 보고 있자니 마음이 얼마나 복잡했겠어. 그래서 학과에서는 S 선생에게 대학원생들 연구실에 책상 하나를 준비해드렸단다. 우연히 그분의 자리가 바로 내 옆자리여서, 한동안 매일 그분을 볼 수 있었지. 그분은 매일 아침 일정한 시간에 연구실에 오셔서 거의 종일 타이프라이터(타자기)를 치더구나. 정말 열심이셨지. 내가 가끔 "지금 뭐하고 계세요?"라고 물으면 이렇게 대답했어.

"아, 이번 비엔나 학술발표회에 낼 논문을 쓰는 중이라네."

다른 사람들과 이야기도 거의 하지 않고 오로지 종일 책상에 앉아 논문을 쓰던 장면이 지금도 선명하게 기억이 나. 그러나 슬프게도 나는 그분이 한 번도 논문 발표를 하러 가는 모습을 본 적이 없어.

잘 모르는 제가 들어도 정말 슬프네요. 서울대 철학과 교수를 꿈꾼 분이 어쩌다가 그렇게까지 되셨을까요? 오로지 그 꿈을 이루기 위해 공부를 열심히 해서 유학도 갔는데, 어떻게 그렇게 되었을까요? 도대체 무엇이 문제였을까요?

꿈은 크게 가질수록 좋을까?

 문제는 꿈이라고 해서 무조건 좋은 꿈은 아니라는 거야. 꿈을 갖는 건 좋은데, 어떤 꿈은 가져서는 안 되기도 한다. 그걸 제대로 이해해야 해. 그러니 네가 꿈을 아직 갖지 못했다고 해서 조급해할 필요는 없어. 성급하게 잘못된 꿈을 갖는 것보다는 시간을 두고 정말 자신에게 적합한 꿈을 찾는 게 더 중요하니까.

 사실 저는 지금까지 꿈은 뭐든 다 좋은 거라고 믿고 있었어요. 아무리 황당한 꿈이라도 말이죠. 어린 시절에는 터무니없는 꿈을 많이 꾸잖아요. 어느 외국의 공주님을 만나 결혼한다든지, 수중 왕국으로 여행을 간다든지, 인어공주와 친구가 된다든지, 뭐 이런 것들 말이에요.

 그런 것은 상상의 세계란다. 어린아이들이 상상의 나래를 펼치는 것은 성장 과정이라고 볼 수 있지. 하지만 네 장래에 관한 꿈이라면 어떤 일을 할지 혹은 어떤 직업을 선택할지의 문제니까 좀 더 현실적이어야 해.

 그렇지만 장래 직업에 관해서도 저는 모든 꿈이 다 좋은 거라고 생각했어요. 예를 들어 모든 어린이가 한 번쯤은 대통령이 되겠다는 꿈을 꾸잖아요? 비록 이룰 가능성이 거의 없다 해도 큰 꿈을 꾸는 게 좋다는 말도 있고요.

물론 누구든 미래에 관해 어떤 상상이라도 할 수 있어. 하지만 그런 종류의 꿈은 그저 공상에 가깝고 본인 스스로도 현실성이 없다는 것을 잘 알고 있기 때문에 별문제가 되지는 않아. 하지만 S 선생의 사례에서처럼 미래의 직업에 관한 꿈은 그저 상상의 문제가 아니라 중요한 선택의 문제이기 때문에 나름의 기준이 있어야 해.

그게 어떤 기준일까요? 혹시 '꿈은 이 세상에 가치 있는 것이어야 한다' 뭐 이런 거 말인가요? 의사나 법관이 되는 건 세상에 도움이 된다고 할 수 있잖아요?

그래. 세상에 가치가 있는 꿈이라면 좋겠지. 하지만 사실 대부분의 일이 세상에서 가치를 가지고 있다고 봐야 하지 않을까? 예를 들어 의사나 법관이 아니더라도 공장에서 일하거나 거리에서 청소하는 일도 사회에서는 중요한 가치를 가지잖아. 만일 공장에서 일하는 사람이 없거나 길거리에서 청소하는 사람이 없다면 우리 사회가 어떤 상태가 될지 상상이나 할 수 있겠니?

선생님 말씀을 듣고 보니 그렇네요. 대부분의 일이 사회적으로 나름의 가치가 있네요. 그렇다면 바람직한 꿈의 기준은 무엇인가요?

꿈의 크기보다 열정이 중요해

꿈의 가장 중요한 기준은 '내가 그 일을 정말 좋아할 수 있는가'란다. 즉 열정을 가질 수 있는 일을 꿈으로 선택해야 한다는 거야. 만일 네가 의사가 되고자 한다면 의사로서의 일을 진정 좋아하고 그 일에 열정을 가질 수 있어야 한다는 거지. S 선생의 문제는, 아마도 내가 추측하기에는, 수학이나 논리학을 좋아하지 않으면서도 그 분야를 선택했다는 거야. 그 분야는 한국인들에게는 꽤 생소하고 어려운 분야라서 당시 국내에 그 분야를 제대로 전공한 교수가 거의 없었고, 서울대에도 그런 분은 없었던 것 같아. 그래서 만일 그 분야의 박사학위를 취득한다면 서울대건 다른 대학이건 교수직을 얻기가 상당히 쉬웠을 거야. 아마도 S 선생은 서울대 철학과 교수라는 목표를 달성하기 위해서 좀 무리가 되더라도, 다소 자신의 적성에 맞지 않는다 해도, 수리철학과 논리학을 전공하려고 했던 것 같아. 만일 그게 사실이라면 S 선생은 꿈을 선택할 때 가장 중요한 조건인 열정과 관심이라는 기준을 충분히 고려하지 못했던 거지.

 그러니까 선생님 말씀은 그분이 자신이 좋아하지 않는 일을 선택함으로써 불행에 빠졌다는 거로군요.

그래, 그거야. 결국 우리는 행복해지고자 꿈을 갖는데, 우리가 진정 좋아하는 일을 선택해야 행복에 이를 수 있어. 슬프게도 S 선생은 자신이 좋아하지 않은 일을 하고자 했고, 그래서 불행한 인생에 이른 거지.

꿈의 다른 기준도 있나요?

자기 발견이란 적성, 능력, 성격을 포함한 나에 관한 지식이야

꿈의 기준을 좀 더 포괄적으로 이야기하자면, '꿈은 자기 발견에 기초해야 한다'고 말할 수 있어. 자기 발견이란 '자신이 어느 분야를 좋아하는지'뿐 아니라 '자신이 무엇을 잘할 수 있는지', '자신의 성격이 그 일에 맞는지' 등 자신에 관한 여러 가지 지식을 의미한단다. 즉 자기 발견은 적성, 능력, 성격을 포함하는 나에 관한 지식이야. 철학의 아버지 소크라테스도 그래서 '너 자신을 알라'라고 한 거고. 나에 관한 지식, 즉 자기 발견이 모든 지식의 근본이 된다는 뜻이기도 해. 그래서 너 자신이 진정 좋아하는 것이 무엇인지, 너 자신의 능력이 어느 정도인지, 너 자신의 성격이 어떤지 등을 알고서 그에 맞는 꿈을 가지라고 한 거야. 그런데 자기 발견의 지식 중에서 무엇보다 중요한 것은 '좋아하는 것'과 '열정'인 것 같구나. 왜냐하면 정말 좋아한다면 능력은 어느 정도 따라오게 마련이니까. 네가 요리를 정말 좋아한다면 요리를 잘하게 되고, 네가 기타 치는 것을 정말 좋아하면 기타를 잘 치게 될 테니까.

그렇지만 좋아하더라도 잘하지는 못하는 경우도 있지 않나요? 노래를 정말 좋아하지만 음치라서 가수가 되기는 어려운 친구도 있다고요.

물론 그렇지. 노래를 무척이나 좋아해도 타고난 능력이 부족해서 좋은 가수 못 될 수도 있지. 그래서 능력 또한 꿈을 결정하는 또 하나의 기준이 되어야 해. 좋아하면 어느 정도 잘하게 되긴 하지만 직업으로 가질 만큼 자기 실력이 자라날지 가늠은 해봐야 하지. 이를 바탕으로 내 꿈을 진정한 꿈으로 삼을지, 아니면 그저 취미로 둘지를 잘 생각해야 한다는 말이야.

그렇군요. 그러니까 꿈이라고 해서 무조건 가질 게 아니라, 자신의 적성과 능력을 반드시 고려해야 한다는 말씀이지요?

그래. 적성과 능력 모두를 고려해야 제대로 된 꿈을 가질 수 있단다. 그리고 적성과 능력이라는 두 가지 기준 이외에 매우 중요한 고려 요소가 하나 더 있어. 그건 바로 네가 관심을 갖고 있는 분야에 대한 지식과 정보야.

예를 들어 네가 책을 무척 사랑하고 책 읽는 것을 너무 좋아한다고 해보자. 그렇다면 무작정 네가 책과 관련해서 알고 있는 범위 내에서 꿈을 정하기보다 책과 관련해서 더 많은 정보를 알아볼 필요가 있어. 이런 정보를 모르면 네 꿈이 너무 한정되거나 현실성이 부족해질 수 있거든. 책을 좋아하니까 반드시 작가가 되어야 한다고 생각한다면 꿈에 대한 네 생각은 지나치게 좁다고 볼 수 있어. 책을 정말 사랑해서 작가가 될 수도 있겠지만, 늘 책과 함께 생활하는 도서관 사서가 될 수도 있고, 책을 만드는 출판사를 경영하거나 책을 직접 만드는 편집자나 디자이너가 될 수도 있고, 책을 판매하고 유통하는 직업을 갖거나 서점을 경영할 수도 있지. 아니면 독서지도사가 되거나 국어 선생님이 될 수도 있잖아. 이처럼 책과 관련된 분야에도 다양한 직업이 존재해. 따라서 꿈도 다양하게 존재하는 거지. 그렇기 때문에 꿈을 선택하기 전에 관심 분야를 깊이 들여다보고 정보를 수집해봐야 해. 네 생각보다 훨씬 다양한 일과 꿈이 분야마다 존재하고 있으니까.

정보가 늘어나면 자신의 관심 분야에서 다양한 꿈을 생각해볼 수 있다는 거군요. 그런데 자기가 좋아하는 일을 꿈으로 삼을지 아니면 그냥 취미로 삼을지는 어떻게 알 수 있을까요?

글쎄다. 거기에 무슨 공식이 있는 건 아니야. 하지만 때가 되면 스스로 알게 되는 것 같더구나. 한때는 세계적인 가수가 될 것처럼 하던 친구들도 졸업 후 프로 음악밴드에 들어가서 1~2년 정도 활동한 후 그 꿈을 접는 걸 여러 차례 봤거든. 그 일을 좋아해서 일단 그쪽으로 방향을 잡고 꿈을 꾸긴 했지만 열정이 남보다 부족하다는 것을 뒤늦게 깨닫기도 하고, 아니면 열정은 있지만 능력이 부족하다는 걸 깨달았기 때문이겠지.

그래도 내 생각에는 어떤 일에 사랑과 열정을 갖고 있다면 한번 꿈을 품고 펼쳐볼 만하다고 생각해. 물론 결과적으로는 능력이 부족해서 그 분야에서 성공하지 못할 수도 있고, 그 분야의 직업을 갖지 못할 수도 있겠지만, 그렇다고 후회할 일은 아니라고 생각해. 프로 기타리스트가 되지 못했다 해도 음악을 더 깊이 알아가고 친구들과 음악을 즐길 수 있다면 인생이 훨씬 더 풍요로워질 테니까. 꼭 프로가 아니라 아마추어 수준의 음악 능력만 갖춰도 어느 정도는 행복에 가까워지지 않을까? 다시 말해, 기타리스트의 꿈은 추구할 수 없게 되더라도 멋진 취미를 가졌다는 것 하나만으로도 인생에서 한 가지 축복을 받았다고 할 수 있단다.

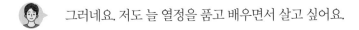 어떤 꿈을 이루지 못하거나 도중에 포기한다고 해서 좌절할 이유는 없다는 말씀이군요. 멋진 취미를 가질 기회가 되니까요.

인생은 배움의 여행이고, 그 여행에서 열정적으로 무엇인가를 배울 수 있었다면 그 자체로 행복일 테니까. 그래서 열정이 있으면 일단 꿈을 가질 수 있다고 생각해. 그리고 꿈은 단지 하나만 있는 게 아니란다. 인생 여정에서 우리는 여러 차례 다른 꿈을 가질 수 있는 축복을 받았거든. 그러니 하나의 꿈을 시도하다가 잘 맞지 않는다고 생각되면 방향을 바꿔 또 다른 꿈을 꾸면 되는 거야. 중요한 것은 꿈을 꾸고 추구하면서 우리가 배우고 성장한다는 거지. 그 과정에서 기쁨을 느낀다면 그게 바로 행복일 거야.

그러네요. 저도 늘 열정을 품고 배우면서 살고 싶어요.

✚✚ 오늘의 대화 생각해보기 ✚✚

우리는 어려서부터 꿈이 뭐냐는 질문을 받는다. 그런데 모든 꿈이 좋은 것은 아니며, 꿈을 통해 행복하게 살기 위해서는 꼭 알아야 할 것들이 있다.

∨ 잘못된 꿈은 불행을 자초할 수 있다.

∨ 꿈은 타인의 시선이나 강요가 아닌 자신이 누구인지 아는 데 서부터 출발해야 한다.

∨ 내가 무엇을 좋아하고, 어떤 능력을 갖고 있는지 사소한 것이 라도 모두 떠올려보자.

∨ 좋아하는 것이 있다면 이에 대해 최대한 많은 정보를 알아보 자. 아는 것이 많을수록 꿈의 선택지가 많아지고 구체화된다.

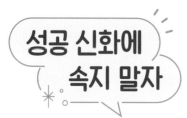

성공 신화에 속지 말자

'노력하면 성공한다'는 성공담의 메시지는 진실의 일부일 뿐이다. 성공에는 노력과 재능 이외에 엄청난 행운의 요소가 따라야 한다. 이를 모른 채 성공 신화를 곧이곧대로 믿은 대다수는 패배감과 좌절감에 빠진다. 따라서 성공이라는 결과보다는 노력의 과정에 만족하는 것이 바람직하다.

성공에 관한 책들을 보다 보면 진정으로 열심히 노력하면 이루어진다고 하잖아요. 정말 노력하면 성공할 수 있나요?

우선 네가 말하는 '성공'은 무슨 뜻이니? 네가 원하는 삶을 이루는 것, 예를 들어 요리사가 되고 싶은데 나중에 요리사가 되는 것을 뜻하는 거니? 아니면 세상 사람들이 널 뛰어나다고 인정하는 것을 의미하는 거니?

음, 후자인 것 같아요. 대다수가 인정할 정도로 뛰어난 것 말이죠. 예를 들어 노벨상을 받는다든지, 세계 최고의 기업을 만든

다든지, 아니면 세계적인 예술가가 된다든지, 김연아 선수처럼 올림픽에서 금메달을 딴다든지 하는 그런 성공이요.

네게 '성공'이란 어떤 분야에서 두드러진 업적이나 성취를 이루어 부와 명예, 사회적 지위 등을 획득하는 거로구나.

네. 저도 제가 선택한 분야에서 세계 최고가 되고 싶어요. 그러면 세상에 이름도 남기고 충분한 돈도 생기고 사회적으로도 존경받을 수 있잖아요.

성공하려면 노력과 재능 외에 행운이 따라야 해

상당한 포부를 가지고 있구나. 좋다, 그럼 네 생각에는 세계적인 성공을 이루려면 어떤 조건이 필요한 것 같니? 노력만으로 가능하다고 생각하니?

물론 아니겠죠. 책에서는 주로 노력을 강조하고 있지만 제 생각에는 노력만으로는 어려울 것 같고, 엄청난 노력 더하기 타고난 재능이 있어야 할 것 같아요.

🧑‍🦳 　노력 그리고 타고난 재능. 그럼 이 두 가지면 성공에 이를 것 같니? 다른 중요한 요소는 없을까?

🧑 　글쎄요. 이것 말고 또 다른 요소가 있나요?

🧑‍🦳 　혹시 『아웃라이어』(말콤 글래드웰 지음, 노정태 옮김, 김영사)라는 책을 읽은 적이 있니?

🧑 　아뇨. 처음 듣는 책 제목인데요.

🧑‍🦳 　말콤 글래드웰이 쓴 책인데, 이 책은 성공에 관한 다른 책들과는 달리, 노력이나 재능보다 더 중요한 성공의 요소가 있다고 주장한단다. 이 책에서는 노력과 재능을 타고났지만 업적을 이루지도, 성공에 이르지도 못한 한 인물을 소개하고 있어. 크리스토퍼 랑간이라는 사람인데, 아이큐가 195이고, 태어난 지 6개월 되자 말을 하고, 5세 때는 신에 관한 질문을 했대. 그리고 16세 때는 어렵기로 유명한 버트런드 러셀과 화이트헤드가 함께 쓴 『수학원리』를 독학으로 공부했고, 대학 수능시험에서 만점을 받기도 했지. 또 수많은 외국어에 능통했고, 수많은 학문서를 섭렵했다고 해. 하지만 그는 학문적으로 아무것도 이루지 못했어.

왜요? 왜 그런 건가요?

한마디로, 환경이 좋지 못해서야. 가난한 집에서 태어나 늘 아버지가 바뀌었고 그래서 사회적으로 남들과 적절하게 소통할 수 있는 능력을 갖추지 못했어. 그 결과 대학도 제대로 나오지 못했고, 결국 평생 막노동과 운전 등을 하면서 살아야 했지.

환경이 그렇게 중요한가요? 제 가정 환경은 평범해요. 부모님 두 분 모두 살아 계시고 보통의 경제 수준이죠. 이 정도면 괜찮은 환경인가요?

네가 어떤 분야로 진출하느냐에 따라 그 환경이라는 것도 좀 다르겠지. 하지만 솔직히 말하면, 오늘날 대부분의 성공 뒤에는 노력과 재능 이외에 엄청난 행운의 요소가 따라야 한단다. 예를 들어 빌 게이츠는 아버지에게서 컴퓨터를 선물로 받았다고 하잖아. 당시, 그러니까 1970년대는 개인용 컴퓨터가 없고 오직 큰 회사들만 컴퓨터를 보유하던 시절이야. 그런데 그는 컴퓨터를 선물로 받을 만큼 부유했던 거야. 사실 이런 환경을 누릴 수 있는 사람은 참으로 드물다고 해야겠지.

그리고 요즈음 우리나라 골프 선수들이 세계 무대에서 많은 성과를 거두고 있는데, 프로 골퍼로 키우려면 초등학교 시절부터 한

달에 레슨비 등으로 2,000만 원 정도를 투자해야 해. 거기다가 부모 중 한 사람은 일을 그만두고 매니저가 되어 뒷바라지해야 한다고 하지. 이런 환경을 갖춘 아이가 얼마나 될까?

(평범한 환경에서는 성공할 수 없는 건가요?)

그래요? 그렇다면 저같이 환경이 평범한 사람은 성공하기 어렵겠네요. 그럼 처음부터 성공을 꿈꿔선 안 된다는 말씀이세요?

절대로 그런 뜻이 아니야. 다만 '누구나 노력하면 성공할 수 있다'라는 말에 담긴 문제점을 말하려는 거야. 이 말은 바꿔 말하면 '누구나 반에서 1등을 할 수 있다'는 말과 같아. 네가 생각해도 잘못된 말이지? 등수를 매기는 사회에서는 1등이 있으면 2등이 있고, 꼴찌도 있을 수밖에 없거든.

이처럼 성공을 목표로 삼으면, 몇 가지 문제점이 있단다. 첫째는 성공 가능성이 거의 없다는 거지. 성공이란 기본적으로 경쟁 게임이야. 예를 들어 수영 분야에서 성공한다는 것은 세계수영대회나 올림픽에서 금메달을 따는 것이겠지. 세계의 수많은 수영 선수들이 경쟁을 하고, 그중의 극소수만이 성공을 쟁취하는 것이 성공의 게임이고 경쟁의 법칙이잖아. 즉 무수한 경쟁을 통해서 최후의 승자가 성공에 이르는 한편, 경쟁에서 탈락한 대다수는 패자가 되는 거지.

그렇기는 하지만 성공은 좋은 것이고, 그것을 목표로 삼는 것도 좋은 일 아닐까요?

'성공=1등'이라는 공식이 아니라면 네 말도 맞아. 하지만 '성공=1등'이라면 모두가 1등을 목표로 삼는 것은 생각해볼 필요가 있단다. 누구나 1등을 할 수는 없으니까.

그렇다면 선생님, 저희 같은 보통 사람들은 굳이 노력을 할 필요가 없다는 건가요? 그건 정말 실망스런 이야기잖아요!

'성공'만큼 '노력'도 가치 있단다

그런 뜻이 아니야. 노력이 필요 없다고 말하는 게 아니란다. 노력은 인생에서 무엇보다도 중요한 요소지. 하지만 노력한다고 반드시 성공할 수 있다고 믿었다간 크게 실망하고 절망할 수도 있어. 가능성이 거의 없는 성공만을 좇기보다 오히려 노력 자체에 의미를 둘 때 훨씬 더 건강하고 행복하게 살 수 있어. 이런 말이 있 잖아. '최선을 다하고 결과는 하늘에 맡긴다'는 말 말이야. 결과와 상관없이 노력하며 살아가는 것이 중요하다는 거야. 가능성이 없 는 성공에 집착하며 살다 보면 결국 절망에 이르기 마련이거든.

그러니까 성공 신화에 속지 말고, 최선의 노력을 하되 성공이 아 니라 행복을 추구하는 것이 더 건강하고 현명하다는 뜻이지. 아주 많은 사람이 '성공이 인생의 목표'라고 생각하는데, 성공이 아닌 행복, 그리고 인간에 대한 봉사와 사랑을 목표로 삼을 수도 있지 않겠니?

아, 듣고 보니 일리 있는 말씀이네요. 가능성이 희박한 성 공을 추구하다가는 대부분 경쟁에서 탈락하게 될 테고, 그러면 인 생의 목표를 달성하지 못해 큰 실망에 빠지게 되니, 성공이라는 목 표는 그리 바람직하지 않다는 뜻이죠?

그래. 성공하느냐 하지 못하느냐보다는 배움의 노력 그 자체가 더 가치 있다는 거야. 배움 그 자체를 소중하게 생각하며 열심히 즐겁게 살아가는 것이 더 중요해.

우리는 성공한 삶을 꿈꾼다. 그런데 성공한 삶이란 대체 무엇일까?
성공에 대한 정의부터 다시 생각해볼 필요가 있다.

∨ '성공＝1등'이라고 생각한다면 성공을 목표로 한 삶은 불행
　　해지기 쉽다.

∨ 노력하면 성공할 수 있다는 성공 신화의 환상을 버려야 한다.
　　성공하려면 노력 외에도 신이 준 타고난 재능과 특별한 환경
　　이라는 행운이 따라야 한다.

∨ 성공이라는 결과에 집착하기보다 노력에 더 의미와 가치를
　　둘 때 즐겁게 배우며 살아갈 수 있다.

이제 키워드는
성공이 아니라 행복이다

왜 성공보다 행복이 더 중요한가? 성공은 노력뿐 아니라 타고난 재능과 엄청난 행운이 따라야 하지만, 행복은 노력만으로도 얻을 수 있기 때문이다. 행복을 위해서는 성공을 포기할 수 있지만, 성공을 위해 행복을 포기할 수는 없기 때문이다. 즉 행복은 성공보다 더 높은 인생의 목적이다.

성공을 추구하지 말고 행복을 추구하라고 하셨잖아요. 오늘은 그것에 관해 좀 더 자세하게 말씀해주세요.

그러자꾸나. 지난번에 성공 신화를 그대로 믿어서는 안 된다는 이야기를 했지? '노력해라, 그러면 성공할 수 있다'라는 신화 말이야. 성공을 놓고 벌이는 게임에서는 최후의 승자만이 성공을 쟁취하며, 절대다수는 패자가 될 수밖에 없다고. 하지만 행복은 전혀 달라. 보통 사람도 노력만 하면 행복해질 수 있거든. 즉 타고난 재능이 없어도 환경이 받쳐주지 않고 행운이 따르지 않아도 노력에 의해 행복에 도달할 수 있다는 거야. 더 좋은 점은, 행복은 내가 행복을 차지한다고 해서 다른 사람은 불행해지는 그런 경쟁의 게임이 아니라는 거지. 오히려 내가 행복해지면 남도 더 행복해져.

'성공은 노력만으로는 성취할 수 없다. 하지만 행복은 노력하면 성취할 수 있다'라는 말씀인가요?

그래. 바로 그렇단다. 그런데 네 생각에는, 행복의 조건이 뭐라고 생각하니? 즉 행복하려면 어떤 조건이 충족되어야 한다고 생각하니?

글쎄요. 행복의 조건이라······, 인생의 행복에서 가장 중요한 두 가지는 '사랑'과 '일' 아닐까요? 사랑하고 사랑받는 것, 그리고 내가 좋아하는 일이나 직업을 가지는 것, 이 두 가지가 있다면 대체로 행복할 것 같은데요?

으음, 훌륭한 대답이구나. 그래, 그 두 가지는 모든 인간에게 가장 중요한 행복의 조건인 것 같구나. 그럼 건강이나 궁핍하지 않을 만큼의 경제 수준은 어떠니?

물론 그것도 포함시켜야죠. 몸이 아프거나 굶주릴 정도로 가난하면 행복하기 힘들 거예요. 그러니 건강이나 기본적인 경제력도 포함되어야 맞을 것 같아요.

행복은 노력만으로
얻을 수 있어

그렇지? 행복이 무엇인가에 관해서는 다음 기회에 좀 더 깊이 이야기하기로 하고, 우선은 행복의 조건이 사랑과 일 이외에 어느 정도의 경제력(돈), 건강 등 네 가지라고 일단 가정해보자. 그리고 그러한 가정 위에서 우리가 노력하면 그런 조건을 달성할 수 있는지 한번 생각해보자꾸나. 즉 최소한의 경제 수준, 건강, 사랑, 일이라는 네 가지 조건을 노력만으로 달성할 수 있을까?

첫째 조건인 궁핍하지 않을 정도의 경제 수준은 노력하면 충분히 가능할 것 같은데요. 빌 게이츠나 워런 버핏 같은 세계적인 부자는 노력만으로 될 수 없겠지만, 가족들과 검소하게 살 정도의 수준이라면 누구나 노력해서 이룰 수 있을 것 같아요. 건강도 마찬가지고요. 태어날 때부터 매우 병약하거나 불치병에 걸린 게 아니라면 좋은 식사와 꾸준한 운동 등을 통해 비교적 건강하게 살 수 있지 않을까요?

성공 또한 행복을 위한 수단이란다

그래, 맞는 말이야. 그런데 사랑과 일은 어떨까? 노력하면 이룰 수 있을까? 친구나 연인 등의 좋은 인간관계를 노력만으로 만들 수 있다고 보니? 그리고 노력하면 좋아하는 일을 찾을 수 있다고 생각해?

네. 그것도 노력하면 누구나 가능하다고 봐요. 존중하고 배려하고 서로의 슬픔과 기쁨을 나누면 좋은 우정과 사랑을 만들어갈 수 있을 테니까요. 물론 이건 상당한 시간이 필요할 것 같지만요. 일도 마찬가지고요. 세계적인 수준의 성공은 노력만으로는 어렵겠지만, 자신이 좋아하는 일을 찾는 것은 어느 정도 꾸준히 노력하면 누구나 해낼 수 있을 것 같아요.

나도 네 생각과 같아. 행복의 조건은 노력하면 대체로 얻을 수 있을 거야. 타고난 건강을 잘 관리하면 더 나은 건강을 얻을 수 있을 것이고, 인간관계에 관해 배우고 노력하면 더 나은 인간관계를 맺고 사랑하고 사랑받을 수 있을 거야. 또 배우고 싶은 것을 즐겁게 배우다 보면 내가 원하는 일을 찾을 수 있지 않을까? 또 그렇게 되면 자연스레 어느 정도의 경제력을 갖게 되지 않을까?

행복은 노력만으로도 성취할 수 있다는 게 성공보다 훨씬 좋은 점이네요. 그런데 그 밖에 행복을 추구해야 할 또 다른 이유가 있나요?

물론이지. 또 다른 중요한 이유는 '행복이 성공보다 본질적으로 더 높은 가치를 갖고 있기' 때문이야. 결국 성공을 추구하는 것도 행복하기 위해서이고, 그래서 비록 성공한다 해도 행복하지 않다면 그 성공은 의미가 없어. 따라서 행복이야말로 궁극적인 인생의 목적이지.

'궁극적'이라는 말은 무슨 뜻이에요?

그것은 말이야, 우리가 대체로 어떤 행동을 한다면 그 행동을 통해 달성하고자 하는 목적이나 목표가 있을 거잖아. 예를 들어, 내가 '대학입시 준비를 한다'고 할 때 나는 그 행동을 통해 얻고자 하는 목표, 즉 '좋은 대학에 가겠다'라는 목표를 가지고 있잖아. 이럴 때 '대학입시 준비'라는 행동은 '좋은 대학 입학'이라는 목적을 달성하기 위한 수단이 되는 거지. 그런데 좋은 대학에 간다는 것은 무엇을 위한 거지? 아마 좋은 직업을 구하기 위한 것일 거야. 그렇다면 좋은 대학에 진학하는 것은 다시 좋은 직업을 구한다는 목적의 수단이 되는 거고. 그럼 다시 '좋은 직업은 왜 구하려 하는

가?'라고 묻는다면, 그건 아마도 돈을 벌기 위해서일 거야. 그렇다면 좋은 직업을 구하는 것은 다시 더 높은 목표인 돈을 번다는 목적의 수단이 되겠지. 그럼 돈은 왜 벌려고 하는가? 그건 아마도 행복하게 살기 위해서일 테고. 그렇다면 돈을 버는 것은 다시 행복이라는 목적의 수단이 되는 거야. 그렇다면 이제 다시 물어보자. '왜 행복해지려는가?' 혹은 '행복을 통해 얻고자 하는 것은 무엇인가?'라고 묻는다면 아마 사람들은 의아하게 생각할 거야. 왜냐하면 행복을 통해 얻고자 하는 더 높은 목적이 없기 때문이지. 행복이야말로 우리가 추구하는 최종 목적, 다른 말로 궁극적인 목적이거든.

 모든 행위들의 '수단-목적'이라는 연결고리 중에서 행복이 가장 높은 목적에 해당된다는 말씀이죠?

 그래. 성공 또한 행복을 위한 수단이라고 할 수 있어. 그러니 성공을 얻기 위해 정신없이 달리다가 결국 행복을 잃는다면 얼마나 어처구니없는 일이겠니? 수단이 목적보다 더 중요한 꼴이 되는 것이니까 말이야. 그런데 성공을 지나치게 추구하다 보면 성공을 통해 얻고자 하는 것이 행복임을 잊어버리고 오히려 행복을 방해하거나 희생시키는 경우가 더 많아.

 왜 그런가요? 성공한 사람들은 모두 행복해 보이던데요.

글쎄다. 네가 반드시 알아두어야 할 것은 대체로 성공을 이루려면 많은 대가를 치러야 한다는 거야. 그래서 화려한 성공 뒤에는 의외로 숨은 이야기들이 많아. 한 사람의 성공을 위해 그 가족들이 희생을 해야 했다거나 성공한 당사자 또한 즐거운 유년 시절을 누리지 못하고 오로지 한 가지 목표만을 위해 모든 시간을 바쳐야 했다거나 하는 이야기 말이야. 성공한 사람들은 그만큼 많은 후회를 하고 있을지도 몰라. 성공이 그 많은 희생과 고통의 시간을 과연 보상해줄 수 있을까?

그래도 많은 사람들이 그런 대가를 치르고서라도 성공하길 원하잖아요.

그렇지. 타인의 성공을 부러워하고 칭송하면서도 성공 뒤의 고통이나 슬픔에 관해서는 별 관심을 가지지 않아서 그래. 내가 이야길 하나 들려줄 테니까 잘 들어보렴. 오래전의 이야기란다. 세계적인 수준의 성공은 아니지만 그래도 어느 정도의 성공을 한 분의 이야기야. 1987년 내가 대학원을 마치고 경기도 강화에서 어려운 아이들과 함께 공동체 학교를 운영하던 시절이었지. 당시 난 간디 선생이 운영했던 톨스토이 농장을 모델로 삼아 자립적인 공동체 학교를 만들어가고 있었단다. 그래서 오전에는 교실에서 공부를 하고, 오후에는 농사와 자동차 정비, 옷 만들기 등의 팀으로 아이들을 나눠 자립교육을 했지.

　이런 생활을 하던 중 공동체에 관한 좀 더 학문적인 연구가 필요하다는 생각을 했어. 그래서 미국 유학을 결심하게 되었지. 미국에 있는 대학원에 입학하기 위해서는 교수님의 추천서가 필요했고, 한 교수님을 찾아갔어. 그분은 학문적으로는 뛰어난 분으로 알려졌지만 평소에 거의 웃지도 않고 농담도 하지 않아 거의 모든 학생이 어려워하고 두려워하기까지 했단다. 하지만 교수님의 이력은 상당히 화려해서 학생들의 대화에 종종 등장하곤 했지. 경기고를 졸업하고 하버드 대학교에서 학부를 졸업한 뒤 독일의 명문대학에서 박사학위를 받고 젊은 나이에 서울대 교수로 부임한 분이었거든. 우리 사회에서 대다수 부모가 부러워할 만한 엘리트 중의 엘리트였던 셈이지. 아무튼 그 교수님에게 추천서를 써달라고 부탁했어. 그리고 얼마 후에 교수님의 추천서를 받는 자리에 케이크를 하나 사서 들고 갔단다. 그런데 추천서를 쭉 읽어보니 너무나 잘 써주신 거야. 정말 뜻밖이었지.

　'냉정하다고 소문난 분이 이렇게 친절하고 내용이 풍성한 추천서를 써주시다니.'

　놀라고 기쁜 마음으로 추천서를 받아 들고 교수님의 연구실을 막 나오려는데, 그 교수님이 나지막이 나를 부르시는 거야. 그래서 돌아보니 그분이 이렇게 말씀하시더구나.

　"나도 자네처럼 농사지으며 살고 싶었다네."

가끔 그분이 하신 말을 떠올리곤 한단다. 사회에서 나름대로 성공을 하신 분이 농사짓는 삶을 살고 싶다는 말을 왜 하신 걸까?

 아마도 그분은 그리 행복하지 않으셨나 보네요.

 우리는 그분의 화려한 이력과 사회적 성공을 부러워하지만 정작 당신에겐 그러한 엘리트 지향적인 삶이 엄청난 고통이었을지도 몰라. 어쩌면 단 한 번도 자신의 인생을 스스로 선택하지 못하고 부모님이 정해준 코스를 따라 살면서 무척이나 외롭고 쓸쓸했을지도 모르지. 그 후 세월이 지나 그 교수님이 서울대 교수직을 그만두고 어느 봉사단체로 가셨다는 이야기를 들었단다. 뒤늦게나마 자신의 행복을 찾아 떠나셨던 것 같아.

 그럼 성공한 사람들은 행복할 수 없다는 말인가요? 성공과 행복은 서로 어긋날 수밖에 없는 관계인가요?

(성공을 추구하더라도 행복을 잊어서는 안 돼)

 꼭 그런 것은 아니라고 생각해. 성공한다고 해서 행복해진다는 보장도 없지만, 또 성공한다고 해서 반드시 불행해지는 것도 아닐 거야. 사람에 따라서 다르겠지. 어떤 사람은 성공을 위해서 행복을 유보하거나 포기하지만, 또 어떤 사람은 성공을 추구하면서도 행복을 함께 얻기도 해. 하지만 성공을 지나치게 추구하는 사람들이 자신의 행복을 희생시키는 경우가 많은 것은 사실인 것 같아. 예를 들어 성공을 추구하다가 과로나 스트레스로 인해 건강을 잃는 사람도 많고, 기업가나 정치인 중에는 화려한 성공은 했지만 가족을 전혀 돌보지 않아 은퇴 후에 가족들로부터 외면을 당하고 외롭게 살아가는 사람도 많다고 하더구나.

성공을 추구하더라도 성공보다 더 높은 목적이 행복이라는 것을 잊어서는 안 된다는 말씀이지요?

그렇지. 행복을 막을 정도로 성공을 추구하면 원래의 목적이 상실된다는 거야.

네, 잘 알겠어요. 성공보다 행복을 추구해야 할 또 중요한 이유가 있나요?

마지막으로 한 가지 이유만 더 생각해보자꾸나. 네 생각에는 대다수가 성공을 추구하는 사회와 대다수가 행복을 추구하는 사회 중 어떤 사회가 더 나은 사회일 것 같니?

 글쎄요.

성공이란 본질적으로 경쟁의 게임이며, 극소수의 승자가 있고 다수의 패자가 있다는 건 이제 알겠지? 그렇다면 성공 중심의 사회에서는 다수의 패자가 존재할 것이고, 이 패자들은 패배감과 좌절감을 느낄 테니까 불행감도 더불어 찾아오겠지. 그런데 불행감은 다른 사람들에게 전달되는 법이거든. 즉 불행은 불행을 낳아. 성공 중심의 사회에는 불행한 사람들이 많아져 불행이 점점 더 많이 늘어날 거야.

예를 들어 입시 전쟁터인 고3 교실을 들여다보자. 서로 더 나은 대학을 가겠다는 성공의 목표를 가진 고3 학생들은 친구들에게 친절하지도 않고, 가족들에게도 상당히 까칠하며, 서로에게 더 큰 불행을 주고 있지 않니? 이들의 신경증적인 증세는 자신을 불행하게 하고 다수에게 피해를 주고 있단다. 아마 고3 입시생처럼 성공을 위해 살아가는 사람이 많은 사회는 상당히 신경질적이고 불친절한 곳이 될 가능성이 높아.

맞아요. 그럴 거예요. 패자들이 사회에 많아지면 사람들은 불행해지겠지요.

그래. 하지만 행복 중심 사회에는 승자와 패자가 없고 각각 자신의 행복을 추구하며 살 테니, 행복한 사람이 늘어나고 행복이 더 많은 행복을 낳을 거야. 그러니까 행복 중심 사회가 성공 중심 사회보다 훨씬 더 진보한 사회일 거야.

선생님 말씀을 듣고 보니 행복을 추구하는 사회가 성공을 추구하는 사회보다 훨씬 더 살기 좋은 사회일 것 같아요. 여유도 있고, 서로 경쟁할 필요도 없고, 행복이 더 많은 행복을 낳는 사회일 테니까요.

++ 오늘의 대화 생각해보기 ++

우리는 왜 좋은 대학에 가려고 하는 것일까? 왜 좋은 직업을 가지려 하는 것일까? 이에 대해 생각해보자.

∨ 우리가 성공을 꿈꾸는 이유는 행복해지기 위해서다. 즉 성공보다는 행복이 더 높은 인생의 목적이다.

∨ 행복해지려면 꼭 성공해야 하는 것일까? 사회적으로 크게 성공한 사람이 전부 행복한 것은 아니다.

∨ 성공할 먼 미래를 위해 현재를 희생해서는 안 된다.

행복이란 무엇인가?

오늘날 행복은 상대적이며 개인의 주관적인 취향에 달려 있다고 믿는다. 하지만 성현들은 행복에 객관적인 기준이 있다고 믿었다. 누구나 행복하기 위해서는 지혜, 사랑, 선한 의지가 반드시 필요하다는 것이다. 과연 이 요소 없이 행복할 수 있을까?

선생님, 성공 중심 사회보다는 행복 중심 사회가 낫다고 했는데, 그럼 행복이란 도대체 뭔가요? 우리가 행복하다는 말은 잘하면서도 그것에 대해 잘 알지는 못하는 것 같아요. 행복에 대해 말씀해주세요.

그래. 그걸 알아야 하지. 넌 옷 한 벌을 사거나 가방 하나를 살 때도 상당히 신중하게 선택하지? 아마 현명한 소비자라면 여러 가게를 둘러보고 가격과 품질을 조사하고 가격 대비 품질이 좋은지 나쁜지 판단한 후에 사겠지. 물론 나같이 현명하지 못한 소비자는 즉흥적으로 물건을 구입하고 나중에 후회하겠지만. 가격이 높은 텔레비전이나 자동차 등을 구입할 때는 더욱 신중해질 거야. 잘못 선택하면 상당한 손해를 보게 되니까.

그런데 인생의 아이러니는 그보다 수십 배 수백 배 중대한 결정에서 종종 즉흥적인 결정을 한다는 거란다. 예를 들어 결혼이나 직업 선택 등에서 말이야. 그런데 더 놀라운 사실은 많은 사람들이 상품 구입, 결혼이나 직업의 선택 등 인생의 모든 일에 중대한 영향을 미치는 인생관 혹은 가치관에 관해서는 별로 관심을 기울이지 않는다는 거란다.

 '인생관'이나 '가치관'이 뭐죠? 단어는 자주 들어봤지만 그게 정확히 무슨 뜻인지 잘 모르겠어요.

가치관은 인생이라는 여행의 나침반이야

인생관과 가치관은 동일한 뜻으로 보면 될 것 같구나. 그건 '인생에 가치 있는 것, 혹은 가장 중요한 것이 무엇인가? 하는 질문에 대한 개인의 견해나 믿음'이라고 정의할 수 있을 거야. 이 물음에 어떤 사람은 성공, 어떤 사람은 돈, 어떤 사람은 사랑, 어떤 사람은 행복, 어떤 사람은 즐거움 등 서로 다른 답을 할 거야. 그래서 사람마다 다른 가치관 혹은 인생관을 가지고 있는 거지.

🧑 인생관 혹은 가치관이란 '인생에서 가장 가치 있는 것이 무엇인지에 관한 개인의 견해나 믿음'이고, 사람마다 인생에서 중요하게 생각하는 것이 다르므로 서로 가치관이나 인생관이 다르다, 이런 말씀이군요.

👨‍🦳 그래, 그렇단다. 가치관은 인생을 살아가는 데 있어 일종의 나침반 역할을 하지. 그래서 가치관 없이 살아간다는 것은 나침반과 지도 없이 여행을 떠나는 것이나 다름없어. 3박 4일의 여행을 떠나면서도 미리 지도를 보고 호텔과 차를 예약하는 등 꼼꼼히 준비하는데, 하물며 인생의 여행을 떠나면서 나침반과 지도를 챙기지 않는다면 엄청난 도박이 아닐까? 인생의 가치에 관해 별로 생각해보지도 않고, 관련 책 한 권 읽어보지 않고, 인생의 중요한 결정을 내리거나 무작정 살아간다면 참으로 어리석은 일이라고 할 수 있지.

🧑 좋은 인생관이 제대로 된 인생 여행을 하기 위한 나침반이라는 말씀이신가요?

가치관은 행복이 무엇인가에 관한 개인의 믿음이기도 해

그래, 그 말이야. 그런데 한 개인의 인생관이 무엇인지를 알려면, 그 개인의 말만 들을 게 아니라 그가 실제로 어떻게 행동하는지 관찰하는 게 더 중요하단다. 즉 말로 하는 답변이 아니라 실제 행동하고 결정하는 것의 배후에 있는 믿음이나 가치관을 알아야 한다는 거지. 실제로 사람들은 윤리 시험에 내놓는 대답과 다르게 행동하기도 하잖아. 운전면허 시험에 표기한 답과 실제 운전할 때 나오는 행동이 다르듯이 말이야.

내가 지금까지 관찰한 바로는, 어떤 사람들은 직업적 성공을 추구하고, 어떤 사람들은 돈을 추구하고, 또 어떤 사람들은 유명해지는 것을 추구하고, 또 어떤 사람들은 권력을 추구하는 것 같아. 그리고 아주 소수의 사람이 인류에 대한 봉사와 헌신을 추구하지. 바로 종교인이나 봉사자들 말이야. 물론 순수하게 이런 가치를 추구하는 사람은 겉으로 보이는 숫자보다 훨씬 적기는 하지만. 그 밖에 어떤 사람들은 순간순간의 즐거움을 추구하기도 하지. 이들은 먹고 마시고 놀고 그 순간의 즐거움을 만끽하려고 노력해.

하지만 대다수 사람에게 '당신은 왜 돈(명예, 권력, 즐거움, 인류 봉사)을 추구하시나요?'라고 묻는다면, 아마 '행복하려고요'라고 대답할 거야. 그러니 결국 인생관은 곧 행복관이라고도 할 수 있겠지. 즉 인생의 가장 중요한 가치는 무엇인가라는 물음은 행복이란 무엇인가에 관한 물음과 다를 바가 없다는 거야.

결국 인생관이나 가치관은 행복이 무엇인가에 관한 개인의 믿음으로 볼 수 있다는 거군요.

그렇단다. 이런 관점에서 오늘날 우리나라나 전 세계 사람들이 무엇을 추구하며 살아가는지, 행복이 무엇이라고 믿고 있는지를 관찰하면, 아마도 가장 대표적인 것이 즐거움 아니면 돈인 것 같구나.

음······. 즐거움을 추구하는 것은 이해가 되지만, 돈을 인생의 최종 목표로 추구한다는 건 말이 안 되는 것 같은데요? 돈은 무엇인가를 얻기 위해 버는 것 아닌가요? 즐거움이나 건강이나 혹은 봉사라든가.

네 말이 맞아. 하지만 요즈음에 와서 많은 사람들이 돈 그 자체를 인생의 목적으로 추구하고 있지. 물론 비합리적으로 보이기는 하지만 말이야. 처음에는 뭔가를 위해서 돈을 벌려고 했겠지만, 시간이 갈수록 돈 버는 것 자체가 목적이 되어버린 사람들도 많아.

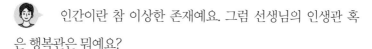

인간이란 참 이상한 존재예요. 그럼 선생님의 인생관 혹은 행복관은 뭐예요?

행복이란 자신이 지닌 잠재력을 최대한 실현한 상태야

내 인생관 혹은 행복관? 나는 지난 30여 년간 많은 사람들을 만나 그들의 삶과 인생관에 관해 들었어. 그리고 나 자신의 삶에 대해서도 평가하고, 반성도 했지. 여러 학자와 성현의 사상도 공부했고. 그 결과 고대 그리스의 철학자인 플라톤이나 아리스토텔레스의 사상, 동양의 고대 철학자와 여러 성현의 행복관이 거의 유사하다는 것을 알게 되었단다. 그중에서도 아리스토텔레스가 가장 체계적이면서도 합리적인 이론을 제시하고 있었지. 그래서 나는 기본적으로 아리스토텔레스의 행복 철학에 동의하고 거기에 내 생각을 덧붙여서 '나의 행복관'을 정립했단다.

플라톤과 아리스토텔레스는 인류사상사에 있어 두 흐름을 만들어낸 위대한 인물이야. 인류사상사의 큰 두 가지 흐름이란 이상주의와 현실주의라고 볼 수 있는데, 플라톤은 이상주의를 대표하고 아리스토텔레스는 현실주의를 대표한다고 할 수 있지. 하지만 두 분 다 인간의 행복에 관해서는 비슷한 생각을 했고, 플라톤의

제자였던 아리스토텔레스는 특히 행복에 관해 방대하고도 체계적인 이론을 제시해주었어. 그의 행복론은 『니코마코스 윤리학』이라는 책으로도 나와 있으니, 한번 읽어보는 것도 좋을 거야. 아리스토텔레스에 따르면, 행복이란 '인간이 지닌 잠재력을 최대한 실현한 상태'이며, 이것을 다른 말로 하면 '자기실현' 혹은 '자아실현self-realization'이라고 한단다. 그래서 이런 행복관을 자아실현의 행복론이라고 하지.

흔히 '잠재력'이라는 개념을 설명하기 위해서 작은 도토리를 예로 든단다. 도토리는 매우 작지만 그 속에 우람찬 참나무가 될 수 있는 잠재력을 가지고 있으니까 말이야. 하지만 그 도토리가 그렇게 우람찬 참나무로 자라날 확률은 그리 높지 않아. 참나무는 한 해에 2,200개 이상의 도토리를 맺지만 도토리가 참나무가 될 확률은 겨우 1/1만이거든.

이때 도토리를 '잠재적인 상태potential state'라고 하고, 우람찬 참나무를 '실현된 상태actualized state'라고 해. 그리고 가장 우람하고 멋진 참나무를 도토리의 잠재력이 최대한 실현된 상태라고 보며, 이것을 '탁월성'이라고 부르지. 이처럼 잠재력이 최대한 실현된 상태를 고대 그리스에서는 '아레테arete'라고 불렀고, 동양에서는 '덕德'이라고 불러왔단다.

 으음, 그렇군요. 아리스토텔레스의 행복론은 한마디로

'행복이란 인간의 잠재력이 최대로 실현된 자아실현의 상태'라는 거군요. 그런데 여기서 말하는 인간의 잠재력은 뭐예요?

 아리스토텔레스에 따르면, 인간은 누구나 세 가지 잠재능력을 가지고 있다고 해. 누구나 희로애락의 '정서'를 가지고 있고, 뭔가 결정하고 결단하는 '의지'를 갖고 있으며, 생각하고 추론하는 '이성'을 가지고 있다는 거야. 이는 고대 성현들의 공통된 견해이기도 해. 그런데 나는 여기에 신체능력이 추가돼야 한다고 생각한단다. 그 이유는 나중에 설명하기로 하고, 만일 신체능력을 추가하면 인간에게는 누구나 네 가지 기능이 있는 셈이지.

네 가지 기능이요? '기능'이라는 게 뭐예요?

기능이라는 단어가 조금 생소하게 들리는가 보구나. 하지만 넌 이미 그 말의 뜻을 알고 있단다. 예를 들어 '부엌칼'의 주된 기능은 뭐지? 음식 재료를 잘 자르는 것이겠지? 부엌칼의 기능이 땅을 파는 것은 아니잖아. 땅을 파고 흙을 퍼내는 건 삽의 기능이지. 이처럼 모든 물건에는 나름의 목적이 있고, 그 목적을 달성하는 능력을 '기능'이라고 부르지. 냉장고는 음식을 상하지 않게 시원한 온도로 보관하는 기능을 가지고 있고, 그런 기능이 없다면 더 이상 냉장고라고 할 수 없지. 우리 신체 각 부위에 관해서도 비슷한 이야기를 할 수 있어. 위의 기능, 간의 기능, 폐의 기능 등 신체의 각 부위는 저마다 다른 기능을 가지고 있고, 그 기능을 제대로 하면 그 신체 부위의 목적을 달성했다고 말할 수 있겠지. 즉 위가 음식을 잘 소화한다면 건강한 위라고 할 수 있어. 마찬가지로, 인간에게도 인간의 기능이 있다고 보는 거지. 우선 정서의 기능부터 말하자면, 인간은 누구나 감정을 가지고 있잖아. 슬프기도 하고 기쁘기도 하고 분노하기도 하고 즐거워하기도 하지. 사람마다 정서는 서로 달라서 어떤 사람은 쉽게 화를 내는가 하면, 어떤 사람은 늘 즐거워하지. 그리고 좋은 정서를 가지고 있는 사람이 있는가 하면, 나쁜 정서를 가진 사람도 있어.

그다음 기능은 의지야. 사람은 누구나 자신의 감정과 상관없이 어떤 결심을 하거나 결정을 내리거나 결단을 하는 기능을 가지고 있어. 그러니까 엄마가 오늘은 마음이 슬퍼서 일어나고 싶지 않지만 '그래도 일어나서 우리 아가들 밥을 해줘야지' 하고 일어나지 않니? 정서적으로는 싫지만 의지을 발휘해 다른 행동을 할 수 있다는 거지. 물론 의지가 강한 사람도 있고, 의지가 약해서 늘 결심이 흔들리는 사람도 있어.

이제 지성으로 넘어가볼까? 인간은 누구나 생각하는 힘과 기능을 가지고 있단다. 예를 들어 어떻게 하면 서울에 갈 수 있을지 여러 가지 방법을 생각해낼 수 있잖아. 물론 사람마다 생각하는 힘은 차이가 커. 침팬지와 인간 차이만큼이나 말이야.

이 세 가지 기능에 나는 신체의 기능을 추가해야 한다고 생각하는 거야. 왜냐하면 인간이라면 누구나 신체 기능을 가지고 있고, 그 신체 기능이 정서와 의지 그리고 지성에 많은 영향을 미치기 때문이야. 신체 기능이 약해져서 아프면 정서가 우울해지기도 하고, 의지가 약해지기도 하고, 지성의 능력을 발휘하기 어렵게 되기도 하잖아? 물론 신체가 강한 사람도 있고 약한 사람도 있게 마련이지.

그러니까 선생님 말씀은 인간은 누구나 신체 기능, 정서 기능, 의지 기능, 그리고 지성 기능이라는 네 가지 기능을 가지고 있다는 말씀이군요.

행복이란 신체, 정서, 의지, 지성이 탁월한 상태를 말해

맞아. 그래서 마치 위장이 소화를 잘 시켜 그 목적을 달성하면 좋은 위라고 하듯이, 인간이 그 네 가지 기능을 잘하면 좋은 삶, 즉 행복한 삶을 꾸리게 된다는 거지. 즉 행복이란 우리의 네 가지 기능인 신체, 정서, 의지, 그리고 지성이 탁월한 상태를 의미하는 거야.

각각의 기능이 탁월한 상태를 생각해보면, 우선 신체의 기능이 탁월한 상태를 '건강'이라고 할 수 있을 거야. 물론 실제로 이러한 상태에 도달해 있는 사람은 무척 드물지만.

다음으로 정서가 매우 탁월한 상태에 있는 사람은 이상적인 인간관계를 이루는데, 우리는 그런 상태를 '사랑'이라고 부를 수 있지.

그리고 우리는 의지를 가지고 있어서 선택을 하고 그 선택에 대해 책임을 지는데, 진정으로 자기 뜻대로 선택하고 전적으로 그에 대한 책임을 지려는 최선의 상태를 '자유'라고 부를 수 있어. 물론 외적 억압이나 내적인 두려움으로 인해 자기 뜻대로 선택하지 못하는 경우가 많은데, 그럴 때는 자신의 선택에 책임을 지기가 어렵기는 해.

마지막으로, 인간은 누구나 지성 혹은 생각하는 힘을 가지고 있는데, 그것의 탁월한 상태를 '지혜'라고 부른단다.

요약하자면 행복이란 인간의 네 가지 기능인 신체 기능, 정서 기능, 의지 기능, 그리고 지성 기능이 탁월한 상태를 가리키며, 그것은 건강, 사랑, 자유, 그리고 지혜라고 부를 수 있다는 거야. 좀 이해가 되니?

 어렴풋이요. 하지만 명확하지는 않아요.

아, 그렇구나. 아마 좀 관념적인 설명이라서 이해하기가 쉽지 않을 거야. 그럼 상식을 바탕으로 생각해보자. 아리스토텔레스의 이론은 생각하지 말고 말이야. 다시 말해 행복의 조건은 건강, 사랑, 자유, 지혜, 네 가지야. 행복한 사람이란 신체적으로 건강한 사람이고, 정서가 긍정적이어서 사랑하고 사랑받을 수 있는 사람이며, 두려움과 열등의식에서 벗어나 진정으로 자신의 의지에 따라 선택하고 책임질 수 있는 사람이고, 배움의 기쁨 속에서 살아가는 지혜로운 사람이라는 거지.

이제야 이해가 되네요. 그런데 앞에서 행복의 조건으로 가정했던 '자신이 좋아하는 일 혹은 직업'이나 '궁핍하지 않을 정도의 경제 수준' 등은 행복의 조건에서 빠지는 건가요? 아니면 이런 조건들이 선생님의 행복의 조건 속에 이미 포함돼 있나요?

한번 생각해보자. 지혜로운 사람, 즉 배움의 기쁨 속에서 살아가는 사람이라면 자신이 좋아하는 일이나 직업을 구하기가 쉽지 않을까? 그리고 그런 사람은 원하기만 한다면 궁핍하지 않을 정도의 경제 수준을 얻을 수 있지 않을까?

제 생각에도 지혜로운 사람은 자기 발견의 지혜를 가진 사람이어서 자신이 좋아하는 일이나 직업을 분명 구할 수 있을 것 같아요. 그렇게 된다면 자연스레 기본적인 경제적 욕구는 해결할 수 있을 것 같고요.

행복은 성공을 넘어서는 인간의 궁극적인 목적이다. 그렇다면 행복해지기 위해서는 무엇이 필요할까? 내가 가장 중요하게 생각하는 것은 무엇인지 생각해보자.

∨ 행복해지기 위해 무엇이 필요할까? 내가 생각하는 행복의 조건을 떠올려보자.

∨ 많은 사람들이 추구하는 명예, 돈, 권력이 있다면 어떨까? 이 것들만 있다면 행복해질 수 있을까?

∨ 만약 건강을 잃는다면 어떻게 될까? 행복할 수 있을까?

행복의 최고 조건

청년실업이 30만 명에 육박하는 시대에 우리는 어떻게 행복을 추구할 수 있을까? 어떻게 배움의 여정을 지속할 수 있을까? 답은 장인정신에 있다. 장인정신이란 자신의 일에 대한 자부심과 열정, 배움과 성장에 몰입할 수 있는 불굴의 의지, 그리고 이러한 요소들이 생산해내는 창의적 아이디어다.

요즈음 대학을 졸업해도 취직하기가 하늘의 별 따기라고 하던데, 저도 걱정이 돼요. 사촌형만 봐도 스펙 쌓느라고 정신이 없거든요. 원어민 강사를 구해서 집중적으로 영어회화 공부를 하더니, 1년 휴학을 하고 캐나다로 가서 언어연수를 하더라고요. 올해는 대기업 인턴사원으로 지원해서 방학 때마다 일을 하고 있고요. 자격증도 이것저것 따더라고요. 1종 운전면허는 물론이고, 영어통역사자격증, 일어통역사자격증, 워드프로세스나 엑셀 등 컴퓨터 관련 자격증……. 그뿐인가요. 해외봉사까지 하던걸요. 어휴, 취직하는 게 그렇게 어렵나 하는 생각이 들면 저도 벌써 불안하고 두려운 생각이 들어요.

그럴 거야. 청년실업이 요즈음 사회의 가장 큰 문제로 대두되고, 갈수록 취업하기가 어렵다고 하니 말이야. 젊은이들이 일을 찾지 못해 인생을 낭비하고 실의에 빠져 있다는 건 정말 안타까운 일이지.

 그럼 저희는 앞으로 어떻게 해야 하나요? 행복을 추구하겠다고 해도 당장 취직이 안 돼 기본적인 생계도 꾸리지 못한다면 행복과는 거리가 먼 것 아닐까요?

 글쎄다. 어려운 질문이구나. 나는 10대와 20대들에게 장인정신을 갖고 직업을 구하라고 권하고 싶구나.

 '장인정신'이요?

 그래. 장인정신! 본래 '장인'이란 한 기술 분야에서 탁월한 경지에 오른 사람을 뜻한단다. 예를 들어 천 년이 가는 집을 짓는 일본의 궁목수나 고려청자같이 매우 아름다운 도자기를 만들 수 있는 도공 같은 분들을 가리키는 말이지. 그리고 장인정신이란 그러한 고도의 기술에 이르게 하는 내면의 힘을 뜻한단다.

 그런 내면의 힘이란 구체적으로 어떤 것인가요?

장인이 갖고 있는 네 가지 정신

 장인정신의 요소로는 적어도 네 가지를 말할 수 있을 것 같구나.

첫 번째는 자신의 적성과 능력이 무엇인지 잘 아는 것이란다. 즉 장인이란 자기 발견을 한 사람들이지. 체면을 중시하고 위선이 가득 찬 사회에서는 자기 발견을 하기 어려워. 그런데도 장인들은 학벌이나 지위보다는 자신이 좋아하고 잘할 수 있는 일을 선택한 사람들이야. 소신과 철학이 있는 분들이라는 거지.

두 번째는 자신의 일에 대한 자부심이란다. 어떻게 보면 장인들의 일은 노동직이나 기술직으로 분류될 수 있지만 그분들은 자기 분야에 남다른 자부심과 열정을 가지고 있단다. 결코 부끄러워하거나 열등의식을 갖지 않지. 하늘이 내린 천직으로 생각하며 큰 자부심을 갖고 그 일에 무한한 열정을 쏟는단다.

세 번째는 불굴의 의지력이란다. 이것이 무엇보다도 장인을 장인답게 만드는 내면의 힘일 거야. 이들은 세월을 잊고 자신의 일에서 최고 수준에 이르기 위해 몰두하며 살아간단다. 어떤 분야든지 기초를 닦는 데만 10년이 걸린다고 했던 말 기억하니? 목수가 못질을 제대로 하기까지 10년이 걸리고, 외국어 하나 익히는 데만도 10년이 걸린다는 거야. 10년 만에 전문가가 되는 게 아니라 겨우 그 분야의 기초를 닦게 된다는구나.

그래서 장인이 되려면 세월을 잊고 자기 일에만 몰두할 수 있는 집중력과 고난과 역경에도 굴하지 않고 배움에만 집중할 수 있는 강인한 의지력이 필요하단다. 적성과 타고난 능력이 있다 해도 장인이 되려면 오랫동안 노력을 기울이고 땀을 흘려야 한다는 뜻이기도 하지. 그래서 많은 젊은이들이 장인정신을 갖기보다는 쉽게 돈을 버는 쪽으로 빠지는 거야. 장인의 길을 가려면 고통과 유혹과 역경을 이겨낼 수 있는 강한 의지가 필수적이거든.

마지막으로, 이 세 가지 요소를 갖춘 분들은 자연스레 '창의적인 아이디어'를 생산하게 되지. 자기 발견의 지혜, 일에 대한 자부심과 열정, 그리고 강한 의지력을 가진 사람은 자신의 분야에 절로 몰두하게 되기 때문에 대체로 창의적인 아이디어도 많이 떠올린다는 거야. 기초가 튼튼하면 응용하게 된다는 뜻이란다.

장인정신이란 자기 발견, 자부심과 열정, 불굴의 의지력 그리고 창의적 아이디어, 이 네 가지란 말이군요. 그런데 10년의 세월을 잊고 몰두할 수 있는 불굴의 의지력은 어떻게 기를 수 있나요? 저는 뭐 하나 결심해도 며칠을 못 가는데요. 그 비결이 뭐예요?

그중에서도 '의지력'이 가장 중요하단다

 글쎄다. 솔직히 말하자면 나도 한때는 의지보다는 내 머리를 믿고 살았던 때가 있었단다. 의지력은 형편없었지. 그래서 아침저녁으로 결심이 흔들려서 심지어 옆집 아줌마가 "뭐, 그래 가지고 되겠어요?"라는 말 한마디만 해도 결심이 순식간에 무너지기 일쑤였어. 하지만 인생이란 그리 호락호락하지 않잖아. 나이 30이 넘어 어느 순간 그것이 얼마나 어리석은지 깨달았어.

'내 머리는 아무 소용이 없다', '내게 평생을 지속할 수 있는 강한 의지가 없다면, 다 물거품이다'라는 걸 알게 된 거야. 그래서 '머리보다는 강한 의지가 결국 모든 것을 결정한다'는 뜻을 품은 한 철학자의 글귀를 직접 손으로 써서 책상 위의 벽에 붙여두고, 그 종이가 노랗게 바랠 때까지 5년 동안 날마다 그 글을 읽었지. 그리고 나서야 좀 더 강한 의지력을 갖게 된 것 같아. 어떤 위대한 성취도 결코 머리에 의해서 이뤄지지 않는다고 믿게 된 거지. 강한 의지가 뒷받침되지 않으면 그런 성취는 어림도 없으니까. 그러니 너도 네가 존경하는 분의 사진이나 그분의 좋은 글을 벽에 붙여놓고 늘 보는 것도 좋은 방법일 거야.

아, 그런 방법이 있었군요. 저도 한번 실천해봐야겠네요.

그래. 강한 의지는 어떤 어려움에도 불구하고 행복을 가능하게 하는 힘이고 에너지란다. 이러한 선하고 강한 의지력을 성현들은 '영혼'이라고 부르기도 하고, '영성'이라고 부르기도 했지. 나는 이것이야말로 최고의 행복의 조건이라고 생각한단다.

강한 의지가 다른 모든 행복의 조건을 능가하는 최고의 조건이라고요? 그렇다면 강한 의지력이 건강이나 사랑, 자유, 지혜보다도 더 중요하다는 뜻인가요?

밤하늘을 빛나게 하는 게 별이라면 인간을 빛나게 하는 건 선한 의지란다

그래. 나는 그렇게 믿고 있단다. 그러한 힘을 예로부터 철학자들은 '선 의지'라고 부르기도 했어. 자신의 인생과 남의 인생을 더 행복하게 만들고자 하는 의지라는 뜻이란다. 철학자 칸트에 따르면, 선 의지야말로 인간을 가장 인간답게 만드는 내면의 힘이라는 거야. 그래서 칸트는 '밤하늘에는 별이 빛나고, 인간의 마음에는 선 의지가 빛난다'라고 표현했지. 밤하늘의 별처럼, 인간에게 아름다움과 희망을 주는 것은 다름 아닌 인간의 선 의지라는 거야. 철학자 파스칼이 이야기했듯이, 인간은 '생각하는 갈대'라고 할 수 있어. 아침저녁으로 마음이 변하고, 조그만 험담에도 상처를 받아 아파하고, 사소한 실수로 자신을 자책하며, 작은 유혹에도 흔들리지. 뉴스에 종종 나오는 이야기들은 바보 같은 사람들의 이야기가 아니란다. 명문대를 나오고 일류 인생을 살았던 사람도 한순간의 유혹에 넘어가 감옥에 가고 모욕을 당하고 수치감에 자살을 하기도 해. 아무리 성격이 좋고 머리가 좋아도 의지가 강하지 못하면 인생의 길은 그리 밝을 수가 없어. 한순간에 모든 것이 물거품으로 끝날 수 있기 때문이지.

 그래서 선한 의지가 중요하다는 말씀이군요.

그래. 세상에는 머리가 좋은 사람도 많고, 성격이 좋은 사람도 많단다. 하지만 아무리 머리가 좋고 성격이 좋아도 의지가 약하다면 그런 사람은 믿을 수가 없지. 어느 순간에 유혹에 넘어가 널 배신할 수도 있고, 네 보물을 훔쳐 갈 수도 있기 때문이야. 그리고 무엇보다도 인생의 큰 시련에 부딪칠 때, 그가 포기하지 않고 계속 나아갈 수 있을지 의심스럽지. 철학자 칸트는 여러 가지 악조건에도 불구하고 세기의 학자가 되었어. 그분은 몸이 약한 편이어서 학문과 결혼을 병행하기가 어렵다고 판단해 결혼을 포기했어. 심지어 평생을 자기 동네를 벗어나 본 적이 없었단다. 또 건강을 유지하기 위해 날마다 같은 시각에 같은 장소를 산책했는데, 그 동네 사람들이 칸트가 산책하는 것을 보며 시간을 맞췄다고 하는 일화도 있잖아. 그렇게 평생을 한결같이 살 수 있었던 것도 그분이 그토록 중요시했던 바로 선 의지의 힘이었다는 거야. 그리하여 마침내 20대에 시작해 20년에 걸쳐서 인류의 지적 보물 가운데 하나인 『순수이성비판』이라는 책을 집필할 수 있었단다. 20년이라는 긴 세월을 하루같이 학문에 정진하고 더 나은 사회를 구상하려는 선 의지가 있었기에 가능한 일이지. 이것이야말로 인간이 가장 인간다워지고 가장 숭고해지는 힘이라고 할 수 있어.

그런데 장인정신, 선 의지나 영성 등은 청년실업 문제에서 좀 벗어난 주제가 아닌가요?

어려운 시대일수록 장인정신을 가진 사람이 필요해

아니란다. 바로 청년실업 시대이기에 오히려 이런 자질이 더 중요해. 세상이 아무리 어려워도 네가 장인정신을 갖고 살아간다면 인생을 알차고 행복하게 살아갈 수 있어. 요즈음 대다수는 많은 돈을 벌고 싶어하지. 장인정신을 가진 사람은 비록 실업자 100만 명 시대가 온다 해도 꿋꿋이 자기 일에 몰두하며 세월을 잊고 살아갈 거야. 그들은 결국 모든 어려움과 역경 속에서도 자부심과 열정, 선 의지를 갖고 배움의 여행을 계속할 것이고, 세상을 변화시키는 창의적인 아이디어도 생산하겠지.

그런 분들이 과연 행복한 건가요? 세월을 잊고 한 가지 일에만 몰두하려면 고통이 많을 텐데요.

보통 사람들이 믿고 있는 것과는 달리, 인간은 고통이 있다고 해서 불행해지는 것도 아니야. 물론 고통이 없다고 행복해지는 것도 아니고. 즉 고통의 많고 적음은 행복과는 무관하다는 거지. 행복이란 고통이 없다는 뜻이 아니라 고통이 많건 적건 고통을 대하는 우리의 성숙된 태도를 뜻하기 때문이야. 그래서 장인정신을 가진 사람은 고통 때문에 불행해지는 게 아니라 '고통에도 불구하고' 자신의 길을 갈 것이며, 아무리 실업대란의 시대라 하더라도 자신과 타인의 행복을 위한 일을 찾아낼 거야. 그리고 세월을 잊고 배움에 임하여 사회에 반드시 기여를 하겠지. 그래서 사회에는 그런 사람이 반드시 필요해.

이렇게 장인정신을 지닌 사람들이야말로 진정 행복한 삶을 산다고 할 수 있을 거야. 왜냐하면 그들은 자신의 인생 여정을 되돌아보며 '아, 나는 진정 황홀한 배움의 여행을 했다'고 고백할 수 있을 테니까.

불안정한 시대를 행복하게 살아가기 위해서는 무엇이 필요할까? 어려운 시대일수록 우리에게 필요한 것은 무엇일지 생각해보자.

∨ 역경 속에서도 배움에 정진하는 사람은 자신과 타인을 행복하게 한다.

∨ 가장 존경하는 사람이 누구인지, 최근 가장 마음을 울린 명언(혹은 구절)은 무엇인지 적어보자.

∨ 어떤 유혹에도 흔들리지 않고 이루고 싶은 것을 찾아보자.

;

"그저 좋아서 배우는 기쁨"

"인생은 배움의 여행이다"

이 말 또한 제가 무척 좋아하는 구절 가운데 하나입니다. 하지만 누가 처음에 이 말을 했는지는 모릅니다.

제 이야기를 하나 들려드릴게요. 열 살 무렵 피아노를 잠시 배운 적이 있습니다. 아마도 3개월 정도 피아노 선생님 댁에 가서 배운 것 같아요. 겨울이 되자 걸어서 피아노 선생님 댁에 가는 게 여간 고역이 아니었습니다. 그래서 피아노 배우는 걸 그만두고 말았죠. 대학에 들어가서 박사학위를 마칠 때까지 20세부터 35세까지 철학을 열심히 공부했고, 그 이후 간디학교를 설립해 60세가 될 때까지 25년간 청소년 교육을 열심히 했습니다. 그리고 60세가 되던 2019년 말 교육 현장에서 은퇴했습니다. 은퇴 후 '앞으로의 10년'이라는 계획을 만들어봤습니다. 60세부터 70세까지 해보고 싶은 일들을 정리해본 것이지요. 그중 하나가 피아노입니다. 앞으로 10년간 피아노를 치겠다는 계획을 세운 거죠.

그런데 마침 피아노를 열심히 배우는 계기가 생겼습니다. 한때 필리핀 간디학교 교사로 일했던 필리핀 여성 '보니 프란시스'라는 분이 2020년 초에 연락을 해왔습니다. 자신이 암으로 죽어가고 있고 도움이 필요하다고요. 4월이었으니 팬데믹이 시작되었을 무렵입니다. 그 집을 찾아가니 프란시스는 59세의 나이로 자궁암 진단을 받았고, 이미 말기라 치료를 포기하고 진통 치료만 받으면서 죽음을 준비하고 있었습니다. 몇 차례 방문하면서 그분 인생 이야기를 들었습니다. 6월경인가 제가 물었습니다. "내가 당신을 위해 곡을 준비해도 되겠습니까?" 그분은 "영광이죠!"라고 대답했습니다.

집에 돌아와서 2, 3주간 열심히 곡을 만들었습니다. 주로 기타로 작업을 했고 가끔 피아노로 음을 확인하곤 했습니다. 그때만 해도 제 피아노 실력은 도레미를 치는 정도였습니다. 어찌저찌 드디어 곡을 완성했고, 그분이 살아 있는 동안 한 번, 죽은 후 장례식에서 한 번, 제 음악을 들려드리기로 했습니다. 8월쯤 필리핀 간디학교에서 그분을 위한 작은 음악회를 열었고, 제 음악도 들려드렸습니다. 몇 명의 교사와 직원이 노래도 불러주었죠. 두 시간 넘는 동안 작은 콘서트와 다과를 즐기며 그분은 정말 행복한 시간을 우리와 함께 보냈습니다. 10월경에 보니는 병원에서 임종을 맞았고 임종 며칠 전 그분의 병실을 찾아가 고별 인사를 했습니다. 임종 후 장례식장에서 임종예배를 드리는 중에 제가 기타를 들고 가서 그분을 위해 만든 곡을 노래해드렸습니다.

저는 그 이후 더 열심히 피아노를 배우고 있습니다. 제가 지금 62세인데 앞으로 70이 될 때까지도 피아노를 계속 치고 있을 겁니다. 왜 이 나이에 피아노를 배우고 있냐고요? 물론 피아니스트가 되거나 피아노 관련 일을 하려는 것은 아닙니다. 제가 피아노를 치는 이유는 피아노를 사랑하기 때문입니다. 손도 굳었고 빠른 속도로 피아노를 치기란 정말 어렵습니다만, 좋아하는 곡을 만나면 수십 번 때로는 수백 번 반복해서 치곤 합니다. 피아노 대회에 나가거나 연주회를 하려는 것이 아닙니다. 그저 제가 좋아하는 음악을 연주하는 게 너무 기쁘고 감동적이라 피아노를 칩니다. 내년까지 피아노 기본기를 익히고 나면 제가 좋아하는 음악을 만들어보려는 작은 욕심도 갖고 있습니다. 친구들에게 곡을 선사하거나 친구들과 차를 마시면서 작은 음악회를 갖고 싶기도 해서요.

인생은 배움의 여행입니다. 우리는 죽는 그 순간까지도 배움의 여행을 할 수 있습니다. 죽음을 앞두고 인생을 되돌아보며 난 황홀한 배움의 여행을 하였노라고 말할 수 있다면 우리는 행복한 삶을 산 것이겠지요.

10대, 너희가 배움의 주인이 된다면

초판 1쇄 인쇄 2022년 5월 30일
초판 1쇄 발행 2022년 6월 10일

지은이 양희규
펴낸이 김종길 **펴낸 곳** 글담출판사 **브랜드** 글담출판

기획편집 이은지 · 이경숙 · 김보라 · 김윤아 **영업** 김상윤
디자인 박윤희 **마케팅** 정미진 · 김민지 **관리** 박지웅

출판등록 1998년 12월 30일 제2013-000314호
주소 (04029) 서울시 마포구 월드컵로8길 41 (서교동 483-9)
전화 (02) 998-7030 **팩스** (02) 998-7924
블로그 blog.naver.com/geuldam4u **이메일** geuldam4u@naver.com

ISBN 979-11-91309-23-2 (03370)

책값은 뒤표지에 있습니다.
잘못된 책은 바꾸어 드립니다.

일러두기
이 책은 『10대 너의 배움에 주인이 되어라』 개정판으로, 변화된 교육 환경에 맞춰 내용을 전면 수정하였습니다.

만든 사람들 ─────────
책임편집 이경숙 **디자인** 정현주 **교정교열** 신혜진

글담출판에서는 참신한 발상, 따뜻한 시선을 가진 원고를 기다리고 있습니다. 원고는 글담출판 블로그와 이메일을 이용해 보내주세요. 여러분의 소중한 경험과 지식을 나누세요.